청소년을 위한
비폭력 대화 워크북

청소년을 위한
비폭력 대화
워크북

이주아 지음·김온양 감수

" 세상에 함부로 대해도 되는 사람은 한 명도 없습니다.
우리는 모두 소중한 한 사람, 한 사람입니다. "

★
BOOK STAR

일러두기

이 책은 마셜 로젠버그 박사의 《비폭력 대화》를 중심으로 쓰였으며 '코칭'을 연결하여 청소년과 부모, 선생님들이 함께 일상 대화에서 '비폭력 코칭 대화'를 직접 나눌 수 있도록 도움을 주기 위해 쓰인 책입니다. 필자도 비폭력 대화를 배우고 실행해서 가족들과 교육현장에서 만나는 청소년들과 너무나 잘 지내고 있습니다. 이 책에는 사례로 나오는 분들의 이름을 적지 않았습니다. '내 이름이 부정적으로 적혀 있을 땐 기분이 상했다.'라는 학생의 피드백이 기억에 남아 모든 학생, 선생님, 부모님 이름을 적지 않았음을 양해 바라며, 이런 상황에서 '나라면'이라고 읽고 실행해 주시면 좋겠습니다.

힘들면 힘들다고, 기쁘면 기쁘다고 진술한* 대화를 함께 나눌 수 있는
비폭력 대화의 세계로 초대합니다.

비폭력 대화는 국제평화단체인 '비폭력대화센터'를 설립한 마셜
B. 로젠버그 박사가 폭력 대신 평화로운 대안을 제시하기 위해 개
발한 새로운 형태의 대화법으로 갈등을 해소하고 삶을 아름답게
만드는 평화의 언어이며, 지혜로운 대화법입니다.

비폭력 대화는 사람의 마음속에는 따스한 연민(가엾고 불쌍하게 여기
는 마음)이 있다는 것을 인식하게 하고, 진정으로 나와 상대방이 원
하는 욕구가 무엇인지 찾아내어 평화에 이르게 합니다.

학교 강의를 가보면 힘들고, 외롭고, 지친 청소년들과 부모님 그
리고 선생님들이 참으로 많습니다. 왜 무엇 때문에 모두들 지쳐 있
는 걸까요? 서로서로 최선을 다하고 있는데 더 지쳐가고 있는 청소
년 교육의 현실을 보면서 가슴 답답함을 느끼게 됩니다.

이 책은 우리 청소년들(초등 4년~고등학생)과 부모님 그리고 학교 선
생님들이 함께 비폭력 대화를 통해 청소년들이 진정으로 무엇을

---

* 진술한 : 진실되고 솔직한

5

소중히 생각하고 있는지, 어떤 일로 갈등을 겪고 있는지를 알아내어 진정한 소통이 이루어질 수 있도록 도움을 드리기 위해 쓰였습니다. 나를 깊이 있게 관찰하고 더 나아가 상대방의 관찰, 느낌, 필요(욕구), 부탁(요청)을 통해 사람들과의 조화로운 삶을 살 수 있도록 희망의 샛별을 띄웁니다.

미래를 이끌어갈 청소년들은 어려서부터 자신이 가진 재능과 상관없이 태권도, 피아노, 영어, 수학, 미술학원을 빙글빙글 돌며 힘들게 생활하고 있습니다. 많은 청소년에게 물어보면 그 학원을 왜 다니고 있는지 모른다고 말하는 학생들이 많습니다.

학생들은 무엇을 위한 삶인지 모른 채 그냥 옆을 가린 말처럼 앞만 보고 달립니다. 정작 청소년들은 자신의 인생에서 무엇을 하고 싶은지, 좋아하는지를 생각할 겨를도 주지 않고 좋은 대학만 가라고 하는 어른들의 모습을 볼 때면 가슴이 답답하고 청소년들이 가여워집니다.

청소년들이 하고 싶은 것을 선택하고 책임질 수 있도록 물어 보고, 존중해 줄 때 비로소 학교 폭력은 줄어들고 교우관계가 좋아져 즐겁고 보람된 생활을 하게 됩니다.

청소년들이 진정으로 원하는 세상을 살아 갈 수 있도록 존중해 주고, 믿어 주는 비폭력 대화는 질문을 통해 대화에 초대하고 함께 나누어 평화로운 관계를 만들어 주는 대화입니다.

청소년들에게 물어봐 주세요.
그들이 진정으로 원하는 것이 무엇인지…

청소년들은 말합니다. "성적에, 진학에, 가정불화에, 외로움에, 남들과 비교에, 경제적 어려움 등으로 지치고 힘들어요."라고 말하는 학생들이 정말 많습니다. 그들이 무엇 때문에 힘들어하고 있는지 물어봐 주세요.

내 이야기를 들어줄 사람이 한 명만 있어도 이 세상은 살기 편해집니다. 막힌 속을 뚫어 주고 갈등 해결을 도와주는 비폭력 대화를 모두 함께 실천하여 평화로운 가정, 학교, 학원, 지역사회를 만들어 대한민국 모든 국민이 다함께 존중하며 살도록 노력해 보면 좋겠습니다.

"한 아이를 키우려면 온 마을이 필요하다."라는 아프리카 속담이 있습니다. 아이가 잘 자라기 위해서는 부모의 깊은 애정과 더불어 주변에 있는 가족, 친지, 이웃들, 선생님들과 함께 정답게 살 때 비로소 아이가 잘 크게 된다는 것이지요.

청소년들의 삶의 방식은 청소년에 의해 만들어지기보다는 가까이에 계신 어르신, 부모님과 선생님 그리고 친구들에 의해 만들어집니다. 청소년의 문제를 청소년만 불러서 해결한다면 진정으로 원하는 변화를 얻기는 힘듭니다.

솔직히 저도 9년 전에는 화나 분노가 많은 사람이었습니다. "나는 왜 이리 화와 분노가 많을까?"를 고민하던 중 지인의 권유로 6년 전 비폭력 대화 수업(기초, 심화, 갈등 중재 과정)을 들으면서 현재의 나를 알게 되었습니다.

비폭력 대화를 배우고 실행하면 할수록 주변 사람들과 관계가 좋아지는 것을 삶에서 느낄 수 있었습니다. 더 나아가 코칭 분야에서도 갈등 중재를 배우고 다루게 되면서 비폭력 대화를 가정에서부터 실천할 수 있었습니다. 비폭력 대화를 실행하면서 그동안 자녀들에게 많은 잘못을 했다는 것을 알게 되었습니다. 비폭력 대화는 저와 가족들의 삶에 선한 영향을 많이 주었고, 가정이 온기로 따스해지도록 도와주었습니다.

청소년들은 어른들이 하는 것을 보고 따라하는 거울과 같은 존재라는 것을 잊지 마세요. 지금 청소년들이 보여주는 많은 모습은 어른들의 행동과 말을 보고 자란 것입니다. 청소년은 지금의 어른을 표현하고 있습니다.

비폭력 대화는 중요한 인성교육입니다.

이 책의 내용은 우리 가족이 나눈 수많은 대화와 학교에서 만난 선생님들과 학생들의 이야기, 더 나아가 이웃들의 대화를 관찰하고 느낀 것을 정리한 것입니다. 우리 가족이 비폭력 대화를 직접 실행해 보고 아주 좋은 결과가 있었기에 이 책을 쓰게 되었습니다. 비폭력 대화는 먼저 가정에서 실천되어야 하며 더 나아가 학교로 연결되어야 하는 중요한 인성교육 부분입니다.

가정에서 비폭력 대화를 통해 한층 더 깊어지는 시간을 가질 수 있도록 함께 해준 마음 따스한 딸과 부모의 거울인 것을 늘 인식하게 해주는 현명한 아들 그리고 열심히 비폭력 대화를 실습하고 있는 멋진 내편(남편) 고맙습니다. 가족의 든든한 후원이 있어서 이 책을 완성할 수 있었습니다.

　이 책이 나오기까지 많은 분들의 도움을 받았습니다. 먼저, 비폭력 대화를 책으로 쓸 수 있도록 격려하고 도움을 주신 광문각 박정태 회장님께 깊이 감사드립니다. 특별히 귀한 시간 내시어 감수해 주신 아하가족성장연구소 김온양 대표님께 머리 숙여 감사드립니다. 그리고 풍부한 사례를 들려준 초·중·고 학생들, 선생님들, 부모님들께 감사 인사를 드립니다. 무엇보다 정성스럽고 꼼꼼하게 교정을 봐 주신 전미주 코치님 덕분에 책 출간이 한결 수월해졌습니다. 아낌없이 나눠주시는 정성에 감사를 드립니다.

　또한, 바쁜 중에도 교정에 도움의 손길을 주신 나현숙 코치님과 정혜숙 선생님, 물심양면으로 도와주신 김하주 코치님, 삽화 작업 하느라 여러 날 밤을 지새운 좌유미 디자이너님, 비폭력 대화를 실천하기 위해 모인 선생님들과 '기린i(아이)' 선생님들께도 감사 인사를 드립니다.

　비폭력 대화를 통해 우리 청소년들이 가정에서 학교에서 서로 대화하고 소통하며, 각자가 가진 재능이 빛날 수 있도록 서로서로 도우며 더 나아가 평화롭고 아름다운 세상을 만들어 가기를 희망합니다.

변화의 바람이 부는 2016년 겨울에

이주아

감수의 글

사람아
입이 꽃처럼 고와라
그래야 말도
꽃같이 하리라
사람아

황금찬 시인의 단시 〈꽃의 말〉입니다. 아주 짧은 시어 속에 묵직한 의미를 담았습니다.

말이 곧 그 사람을 말해줍니다. 말은 단순히 입에서 나오는 것이 아니라 그 사람의 성품과 가치관, 그리고 본성이 집약되어 나오는 것입니다. 말을 바르고 예쁘게 하는 사람은 어디서나 환영을 받습니다.

세상의 모든 인간관계는 언어를 매개로 소통함으로써 형성됩니다. 어떻게 대화를 하느냐에 따라 상대의 마음이 열리기도 하고 닫히게도 합니다. 같은 내용이라도 어떻게 표현하느냐에 따라 느낌이 다르고 받아들이는 정도도 달라집니다. 좋은 말은 아픈 상처를 치유해 주고 기쁨을 주며 힘을 줍니다. 반면에 거칠고 험한 말, 무신경한 말은 사람을 불편하게 만들고 상처를 주며 증오를 부릅니다.

모든 사람은 관계 속에서 살아갑니다. 관계란 말과 대화로 이루어집니다. 그런데 대화에는 소위 '자칼식 대화'와 '기린식 대화'가 있습니다. 자칼 언어는 조급하고 비판적이며 강요와 회유를 잘하며 자신과 타인을 비교하며 공격적 대화 방식입니다. 따라서 '자칼식 대화'를 주고받게 되면 왠지 모르게 상대방과 단절되는 느낌을 갖게 됩니다. 어딘가 마음이 불편하여 심리적 저항감이 생기고 대화가 불쾌해지고 마음의 문이 닫히게 됩니다. 예를 들면 판단과 평가, 진단과 분석, 요청하지 않은 충고나 일방적인 강요 등이 이에 해당됩니다. 이러한 대화는 자기 스스로를 소외시키고 다른 사람과의 관계를 단절시키며 나아가 외로움과 원망, 분노와 좌절의 감정을 증폭시키게 됩니다.

반면, '기린식 대화'는 미국의 마셜 로젠버그 박사가 개발한 비폭력 대화(NVC)로서 관찰, 느낌, 욕구/필요 및 요청으로 이루어진 4단계 대화 모델입니다. 상대방을 전혀 자극하지 않고도 평온하게 자신의 느낌과 필요를 표현할 수 있는 의사소통의 한 방식으로 '공감 대화'라고 말할 수 있습니다. 만일 우리가 의식적인 노력으로 기린식 대화를 하게 된다면, 자기를 스스로 잘 돌보게 될 뿐만 아니라 상대방을 변화시키고 성장시킬 수 있게 됩니다.

따라서 비폭력 대화는 말의 기술이 아니라 생각의 기술이고, 사람과의 관계에 초점을 맞추고 나누는 대화 방식입니다. 비폭력 대화 강사로 왕성하게 활동하고 있는 저자는 다양한 사람들과 비폭력 대화로 만나 온 경험을 토대로 누구나 이해하기 쉽고 활용할 수 있도록 이 책을 썼습니다. 어떻게 말하고 듣는 것이 비폭력 대화인지, 우리 생활에서 어떻게 실천할 수 있을지를 알기 쉽게 알려줍니다.

이 책은 한 번 읽고 이해하고 넘어갈 내용은 아닙니다. 하나하나를 직접 삶에서 적용해 보고, 잘 안 되는 부분을 연습도 하고 고민도 하면서 나의 것으로 만들어가야 할 내용입니다.

아무리 많이 알아도 정작 바로 그 순간에 활용할 수 없다면 아무 소용이 없습니다. 이 책의 가르침을 적용한다면 행복한 대화가 가능해질 것입니다. 행복한 가정을 바라는 부모님, 그리고 선생님과 청소년들에게 추천해 주고 싶은 책입니다.

아하가족성장연구소
대표 **김온양**

CONTENTS

2부 각자의 샛별이 빛날 수 있도록

비폭력 대화에서 샛별은 희망을 상징합니다. 청소년과 부모님, 선생님들이 함께 평화로운 세상을 살 수 있도록 돕기 위해 '대화'와 '질문' 그리고 더 나아가 '토론' 및 '나눔'으로 진행합니다.

1부
희망의 샛별 찾기

까만 밤 길을 잃었을 때
샛별을 보고 길을 찾아갑니다.

1

"나에게 중요한 것을 알아차려요"

현재 나에게 가장 필요한 것은?

까 만 밤 사막에서 길을 잃었을 때 샛별을 보며 현재 위치를 파악합니다. 여러분은 삶을 살아감에 있어서 해결하고 싶은 일에 나아갈 방향을 몰라 외롭거나 힘들거나 화와 짜증이 날 때 무엇이 부족해서인지 스스로 물어본 적 있나요?

호기심 가득한 학생들의 눈빛이 별처럼 반짝이는 월요일 1교시 '비폭력 대화'를 코칭*을 통해 처음 만나는 시간입니다. 학생들과 따스한 눈인사를 나누며 "반갑습니다. 여러분, 저는 코칭을 전문으로 하는 코치**입니다. 아침밥 맛있게 먹고 왔어요?"라며 인사를 나눕니다. 여기저기에서 "네…", "아니요…", "아침 안 먹고 왔어요."라는 소리가 울려 퍼집니다.

맨 앞에 앉은 여학생 친구가 "배고파요…!"라고 외치자 반 친구

---

* 코칭 : 개인이 지닌 능력을 발휘하여 원하는 목표를 이룰 수 있도록 지속적으로 돕는 일

** 코치 : 개인 생활이나 학교, 직장 등에서 겪고 있는 어려움을 스스로 깨닫고 해결할 수 있도록 도와주는 사람

들은 더 큰 소리로 "저도 배고파요…!"라며 자기가 더 배고픈 걸 알리려는 듯 큰 목소리가 오가 교실은 시끌벅적합니다.

"아침 먹고 온 사람 손들어 볼까요?"라고 말하자 거의 반 정도만 손들 뿐 많은 학생이 '아침을 안 먹거나 못 먹고 등교했다'고 말합니다.

"아침 안 먹고 온 학생들이 반 가까이 되네요. 아침을 안 먹거나, 못 먹은 이유가 있나요?"

학생들   "엄마가 아침을 차려 주었는데 늦잠 자서 못 먹었어요.", "우리 가족은 아침을 안 먹어요.", "아침 먹기 싫어서 안 먹었어요."

학생들 집에서의 아침 풍경을 들으니 아침을 먹고 싶은데 못 먹어서 배고픈 학생, 먹는 것을 넘어 가족들의 마음이 고픈 학생, 더 나아가 배도 고프고 마음도 고픈 학생들이 있다는 것을 알게 됩니다.

　여러분이 삶을 살아가는 데 있어서 부모님, 선생님, 친구들과 인간관계에서 스트레스와 상처를 받은 경우가 있습니다. 이럴 때 마음속 상처가 숨겨도 자꾸 불쑥불쑥 말이나 행동으로 튀어나와 상대방과 관계가 나빠져 불편하게 되죠. 현재 나에게 가장 필요한 게 무엇일까요? 다음에 나오는 인정, 감사, 헌신, 신뢰, 격려, 공감, 이해, 존중, 찬미, 찬성, 확신의 12단어는 사람이 살아가는 데 있어서 삶을 더 풍요롭고 안정되게 도와주는 단어들입니다. 12단어와 의미(뜻)를 읽고 지금 내게 가장 필요한 것(부족해서 채워졌으면)은 무엇인지, 그리고 대상은 누구인지 찾기 위해서는 유난히 끌리거나 시선이 머무는 단어를 하나 찾아 동그라미 합니다.

12단어와 의미(뜻)

① **관심**(關心) : 마음이 끌려 주의를 기울임, 또는 그런 마음이나 주의.

② **인정**(認定) : 확실히 그렇다고 여김(*존재에 대하여 있는 그대로 받아들임)

③ **감사**(感謝) : 고마움을 나타내는 인사, 고맙게 여김, 또는 그런 마음.

④ **헌신**(獻身) : 몸과 마음을 바쳐 있는 힘을 다함.

⑤ **신뢰**(信賴) : 굳게 믿고 의지함.

⑥ **격려**(激勵) : 용기나 의욕이 솟아나도록 북돋아 줌.

⑦ **공감**(共感) : 남의 감정, 의견, 주장 따위에 대하여 자기도 그렇다고 느낌.

⑧ **이해**(理解) : 깨달아 앎, 또는 잘 알아서 받아들임.

⑨ **존중**(尊重) : 높이어 귀중하게 대함.

⑩ **찬미**(讚美) : 아름답고 훌륭한 것이나 위대한 것 따위를 기리어 칭송함.

⑪ **찬성**(贊成) : 어떤 행동이나 견해, 제안 따위가 옳거나 좋다고 판단하여 수긍함.

⑫ **확신**(確信) : 굳게 믿음, 또는 그런 마음.

-의미(뜻) 출처 : 국립국어원 《표준국어대사전》

여자는 관심, 공감, 이해, 존중, 헌신, 확신을 주로 원하지만 남
자는 신뢰, 격려, 인정, 감사, 찬미, 찬성을 받았으면 하는 욕구
를 가지고 있다.
12가지 감정의 욕구 중 자신이 가진 주된 욕구가 충분히 채워
졌을 때 비로소 충분히 사랑받고 있음을 느끼며 산다.

《화성에서 온 남자 금성에서 온 여자》 중에서 - 존 그레이

남녀의 차이를 잘 이해하도록 도와주는 갈등 치유 전문가 존 그
레이는 남녀가 필요로 하는 게 다르다는 것을 인식하는 게 무엇보
다 중요하다고 말합니다.

상대방이 원하는 것을 해주지 않아 부족하다고 느껴지는 것이 많
아질수록 욕구불만이 생기게 됩니다. 따라서 현재 나의 상태를 아
는 것이 비폭력 대화에서는 매우 중요합니다.

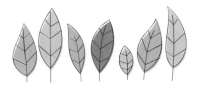

다음에 나오는 사례 1. 2. 3. 4를 읽고 나와 관련된 사례가 있는지 살펴봅니다. 12단어 중 어느 부분인지 모둠별 나눔 토론을 진행합니다. 모둠에는 모둠장을 한 명씩 뽑습니다.

사례 1

"엄마와 나는 아침에 밥 먹기를 좋아해요. 보글보글 끓는 된장찌개와 고소한 생선구이, 그리고 아삭한 김치로 차려진 밥을 먹고 싶어요. 그런데 아빠는 일하러 갈 땐 간단하게 먹어야 한다며 빵과 과일, 우유, 시리얼 먹기를 강요하셨어요. 엄마를 돕는다는 명목으로 말이죠. 그런데 엄마는 빵보다는 밥을 더 좋아해요. 부지런하게 일어나서 밥을 차리면 아빠는 싫어해요. 요즘 매일 아빠 말을 듣고 빵과 우유로 대충 먹었더니 슬슬 짜증이 나요. 아빠는 엄마와 내가 좋아하는 찌개나 반찬으로 차려진 아침밥을 먹을 수 있도록 해 주셨으면 좋겠어요."

– 중1 남학생

> **모둠장 질문 1** (사례1을 읽고 난 다음) 아침 식사를 아빠 입장처럼 아침에는 간단하게 빵이나 과일, 우유, 시리얼로 먹어도 된다고 생각하는 사람은 손을 들고 의견을 말해 주세요.
>
> **모둠장 질문 2** 엄마와 아들의 입장처럼 아침에는 든든하게 아침밥을 먹을 수 있도록 해야 된다고 생각하는 사람은 손을 들고 의견을 말해 주세요.
>
> **모둠장 질문 3** 위 사례는 12단어 중 무엇을 원하고 있나요?

모둠장은 모둠의 전체 의견을 간단하게 정리한 다음 발표합니다.

생선, 밥, 찌개로 차려진 아침밥을 먹는 것과 간단하게 빵이나 우유, 시리얼로 차려진 아침 식사 때문에 갈등을 겪으면 별일 아닌 것 같으면서도 생존과 직결된 음식에 관련된 것이라 예민해집니다. 아빠도 존중받고 싶고, 엄마와 아들도 존중받고 싶다면 가족이 모두 모여 상호 존중을 위한 합의가 필요합니다.

사례2

저에게도
관심 좀 가져주세요.
제발ㅜ

"부모님이 너무 자주 싸우셔서 여름방학 중에 1주일 정도 가출을 한 적이 있었어요. 동생에게는 친구 집에 있다고 말하고, 친구 집을 전전하며 1주일이 지났는데도 부모님 중 아무도 제게 연락을 안 하시는 거예요. 친구 집 머무는 것도 눈치 보여서 1주일 만에 집에 들어가기 싫어 길거리를 빙빙돌다 늦은 밤에 귀가했더니 "일찍 다녀라."라는 엄마의 단 한마디 말만 들었어요. 엄마, 아빠모두 일하시고 일찍 나가셨다가 늦게 들어오시고 두 분의 싸움이 지속되면서 학원에서 끼니를 때우는 저와 동생은 안중에 없었나 봐요. 엄마가 화가 많이 나서 집에서식사를 거의 안 하고 사니까 1주일이나 집에 안 들어온 나를 아무도 신경 써 주질 않더군요. 부모님은 내가 가출한 줄도 모르고, 1주일이나 내가 가출했는데… 부모님 그만 좀 싸우시고 저에게 신경 좀 가져주세요. 제발요."

- 중 3 남학생

"

모둠장 질문1 (사례2를 읽고 난 다음) 내가 주인공인 중3 남학생이라면 마음이 어떨까요?

모둠장 질문2 부모님께서 싸움을 멈추고 주인공(중3 남학생)에게 관심을 가져 준다면 마음이 어떨까요?

모둠장 질문3 위 사례는 12단어 중 무엇을 원하고 있나요?

"

모둠장은 모둠의 전체 의견을 간단하게 정리한 다음 발표합니다.

남학생의 부모님 두 분의 갈등이 깊어져 곁에 있는 자녀들에게 관심이 아예 없는 상태입니다. 학생들의 가출은 "부모님, 조금만이라도 제게 관심 좀 가져주세요." 하고 외치는 소리입니다. 학교에서 엉뚱한 행동과 말로 말썽을 피우는 친구들은 시선을 끄는 행동과 말을 통해 "관심 받고 싶고, 정서적 안정을 느끼고 싶어요."라고 표현하고 있는 것입니다.

집에서 부모님의 관심을 받지 못했거나 학교 선생님이 자신을 인정해 주지 않을 때 학생들은 끊임없이 자신을 드러내는 과잉 행동(관심 받고 싶어요)을 교실에서 하게 됩니다. 지나치게 자신을 드러내고 인정받고 싶어하는 모습은 현재 나는 많은 관심과 인정이 필요하다는 것을 표현하고 있는 것이랍니다.

주변 친구들을 둘러보세요. 관심과 인정을 강하게 요구하는 친구가 있다면 기꺼이 다가가 그 친구의 이야기를 들어주고 관심을 주어야 안정된 학교생활을 할 수 있게 됩니다.

"저는 엄마입니다. 중학교 1학년 딸과 3학년 아들을 둔 엄마예요. 엄마도 사람입니다. 일을 하는 엄마라 아침 일찍 일어나 가족들에게 정성스럽게 고기도 굽고, 콩나물도 참기름 솔솔 뿌려 무치고, 식구들이 다들 좋아하는 무, 다시마, 멸치 육수에 호박, 감자, 파를 넣고 끓인 구수한 된장찌개와 고슬고슬한 아침밥을 차려 줬는데 '맛있게 잘 먹을게요.' 또는 '맛있게 잘 먹었습니다.'라는 말 한마디 없으면 서운해요. 다들 바빠서 저녁을 함께 먹기 어려워서 아침 식사를 더 열심히 준비한 거거든요.

무더운 날 아침 일찍 일어나 혼자서 애정 듬뿍 아침 식사를 차렸는데… 감사 인사 정도는 해주면 좋겠어요. 애들 아빠는 가끔씩 '잘 먹었어요.' 하고 인사해 주는데 애들은 감사 인사를 하질 않아요. '맛있게 잘 먹을게요.'라는 말을 아이들에게 매일 듣고 싶어요."

-45세 엄마

> **모둠장 질문 1** (사례3을 읽고 난 다음) 글의 주인공이 **나**(45세 엄마)**라면 지금 마음은 어떨 것 같나요?**
>
>
>
>
> **모둠장 질문 2** 가족들이 아침마다 애써 주시는 엄마에게 감사 인사를 해준다면 엄마의 마음은 어떨 것 같나요?
>
>
>
>
>
>
> **모둠장 질문 3** 위 사례는 12단어 중 무엇을 원하고 있나요?

모둠장은 모둠의 전체 의견을 간단하게 정리한 다음 발표합니다.

엄마도 가족들에게 인정받고 음식 맛있게 잘한다는 칭찬을 듣고 싶어 합니다. 누구나 그렇지요. 자신이 한 행동에 대해 핀잔을 주면 그 일을 계속하고 싶어지지 않는 것처럼 가족들이 내가 한 일에 대해 감사해 하고 인정해 준다면 엄마들도 더 신나서 맛있는 음식을 차려 주실 것 같아요.

"말 한마디로 천 냥 빚을 갚는다."라는 속담이 있지요. 애쓴 것을 인정해 주는 한마디가 사람을 살리는 말이라는 것을 꼭 기억해 두세요.

사례4 "저는 학교 다닐 때 나름 똑똑하다고 인정받으며 살았어요. 임용고시를 한 번에 합격하고 중학교 수학 교사로 배정받아 아이들 가르치면서 보람도 많이 느꼈죠. 그런데 시간이 지나면 지날수록 학교에서 아이들 가르치는 게 힘들게 느껴져요. 나름 수업 준비 열심히 해서 들어가면 수업을 방해하는 학생들과 그리고 아예 엎드려 자는 학생들을 볼 때 '내가 제대로 하고 있나?' 하는 회의감*이 들어요. 학원에서 이미 수학 진도를 다 뗀 학생들을 가르치는 저도 힘들다는 것을 학생들이 이해해 줬으면 좋겠어요. 학생들이 제 입장이 되어 보면 저를 더 이해하게 될까요?"

- 중학교 P 수학 선생님

★ 회의감 : 의심이 드는 느낌

모둠장 질문 1 (사례4를 읽고 난 다음)글의 주인공이 나(중학교 P수학 선생님)라면 지금 마음은 어떨 것 같나요?

모둠장 질문 2 학생들이 수학 선생님 수업에 집중하며 함께 신나게 활동한다면 누구에게 가장 유익할까요?

모둠장 질문 3 위 사례는 12단어 중 무엇을 원하고 있나요?

모둠장은 모둠의 전체 의견을 간단하게 정리한 다음 발표합니다.

학교 선생님들의 이야기를 들어보면, 학교 다닐 때 똑똑하다며 인정받고 성장하신 분들이 꽤 많아요. 나름 자부심을 강하게 가지고 성장해서 임용고시라는 힘든 관문을 통과하고 학교에 배정받아 왔지만 실상은 학생들이 선생님 말씀에 귀 기울여 주지 않고 잠을 자고 있다면 마음이 어떠실까요?

"선생님은 가르쳐 주려고 하는데 학원에서 미리 수업 듣고 온 학생들은 '다 아는 내용이니 피곤한데 잠이나 자자' 한다면 선생님의 마음은 어떨 것 같나요?"

위의 사례를 통해 현재 "나에게 가장 필요한 것은?" 무엇인지
찾아보는 시간을 가집니다. 아래에 있는 12개 단어 중에서 하나를
고릅니다. 위의 사례처럼 '자신에게 부족하다고 생각되어 필요하
다고 느껴지는 단어'를 다시 찾아 동그라미 합니다.

관심, 인정, 감사, 헌신, 신뢰, 격려

공감, 이해, 존중, 찬미, 찬성, 확신

※ (솔직하게 적습니다.) 공개가 어려운 내용은 발표를 하지 않습니다.

질문1 지금 나에게 가장 필요한(부족해서 채워졌으면) 하는 단어는?

질문2 선택한 단어를 통해 누구로부터 받고 싶은 게 무엇인지
　　　　사례 1, 2, 3, 4처럼 상세하게 이유을 적어 봅니다.

　분야별 사례를 듣고 내가 가장 중요하게 생각하는 것이 무엇인지 정리해 보는 시간을 가지고 마음속 이야기를 글로 표현해 보면 지금 내가 무엇 때문에 힘들어하는지 알게 됩니다.

　'사춘기' 시절 내 감정의 들쑥날쑥한 변화를 단지 성장호르몬 변화로만 볼 것이 아니라 내가 왜 이런 말과 행동을 하는지 나를 들여다볼 때입니다.

　윗글을 다 적고 나서 "내가 이 일로 인해 속상했구나.", "이런 상황이라서 내가 마음이 아프구나!", "이런 환경 때문에 내가 화가 났다."라는 것을 알게 됩니다. 비폭력 대화에서 무엇보다 중요한 것은 '내가 왜 이러는지 나를 이해하는 게 가장 먼저 우선시되어야' 평화의 길에 들어설 수 있게 됩니다.

　내 마음을 글로 표현하면 마음에 정화와 치유가 일어납니다. 속상하거나 화가 날 때 글로 나를 표현해 보세요. 진실은 물어봐야 알 수 있어요. 모든 해답은 내가 알지요. 문제를 해결하려면 나에게 먼저 물어보세요.

　입장 바꿔서 나는 왜 화가 나고 짜증이 나는지 나를 잘 관찰하고 나에게 물어볼 때입니다.

질문1 나는 왜 화가 나거나 짜증이 나는 걸까요?

질문2 어떤 일이 마음에 걸리나요?

질문3 그 일을 해결하는 방법에는 무엇이 있을까요?

질문4 부모님과 관계가 좋아지려면 어떻게 하면 좋을까요?

질문5 친구들과 잘 지내려면 어떻게 하면 좋을까요?

질문6 선생님들과 잘 지내려면 어떻게 하면 좋을까요?

part 02

행복한 나를 만나요

"**질**문을 통해 '비폭력 대화'를 코칭으로 진행하도록 할게요. 최근 일주일 동안 가장 기쁘거나 행복했던 일이 있으면 3가지 정도 적어 보고 발표하도록 할게요."라고 말하면, 학생들은 "기쁘거나 행복한 일 없는데요."라고 답변하는 친구들이 많습니다.

"예를 들어봐 줄까요? 상을 타거나 가족들과 맛난 것을 먹거나 여행을 하거나⋯ 등이 있겠지요?"라고 힌트를 주면 그제서야 모두 기쁘고 행복했던 순간들을 떠올리며 글을 씁니다.

"손을 먼저 드는 친구들 중 두 명의 발표를 들어볼게요." 하고는 손을 먼저 드는 학생의 발표를 듣습니다. "어제저녁 아빠가 퇴근길에 피자를 사 오셔서 행복했어요.", "태권도 대회 나가서 상을 받아서 행복했어요."라고 한 남학생은 얼굴에 미소가 가득합니다.

학생들　(좀 전까지 행복했던 기억이 없다던 학생들도 손을 들며) "저도 발표할래요, 저도요…." 하고 서로 발표하겠다고 아우성입니다.

"지난 금요일에 아빠가 제가 원하는 자전거를 사주셔서 너무나 행복했어요. 두 번째는 토요일에 아빠하고 둘이 공원에서 자전거 타고 놀았던 게 가장 행복했어요. 그리고 세 번째는 엄마가 일요일에 스파게티를 엄청 맛있게 요리해 주셔서 배 터지게 먹었을 때가 행복했어요.(웃음)"
　　　　　　　　　　　　　　　　　　　　　　-13세 남학생

"일요일에 우리 집에 사촌들이랑 친척들이 오셔서 행복했어요. 친척들이 가실 때 용돈까지 주셔서 더 행복했어요. 맛난 음식을 배불리 먹어서 행복했어요."
　　　　　　　　　　　　　　　　　　　　　　-13세 여학생

"저는 지난주 과학 시간에 발표를 잘해서 선생님께 칭찬받아서 행복했어요. 그리고 태권도 대회 나가서 금메달 받아서 행복했어요."
　　　　　　　　　　　　　　　　　　　　　　-13세 남학생

"저는 친구하고 일요일에 영화 같이 봐서 행복했어요.

학원에서 영어 단어 쓰기 백 점 맞았을 때도 행복했어
요. 그리고 음… 아빠가 간만에 집에 오셔서 행복했어
요. 아빠는 주말에만 집에 오시거든요. 회사가 멀어서
요."

-13세 여학생

"친척분이 오셔서 용돈을 주셔서 기뻤어요.", "어제 과학 발표
잘해서 선생님께 칭찬받아서 기분 좋았어요.", "내가 그토록 원하
는 자전거를 엄마가 사 주셔서 행복했어요.", "주말에 친구와 영화
보러 갔었는데 너무 행복했었어요.", "학원에서 영어 단어 모두 맞
혀서 기뻤어요." 등등 모두가 자신이 기쁘거나 행복했던 순간들을
말할 때 얼굴 가득 환한 미소를 보여주는 학생들이 너무나 예뻐 보
입니다.

행복이
주렁주렁!

"여러분, 좀 전에는 기쁘거나 행복했던 일이 없다고 말한 친구들이 많았는데요. 어때요? 생각해 보니 기쁘고 행복했던 일들이 꽤 많지요?"

학생들   "네, 생각보다 기쁘고 행복했던 일이 많은 것 같아요."
                 "이렇게 행복이 주렁주렁 달린 줄 몰랐어요."

"우리는 기쁘고 행복했던 일을 주로 누구와 나누고 있나요?"

학생들   "부모님요.", "친구들이요.", "친척들이요.", "선생님
                 들이요."

"맞습니다. 여러분에게 가장 기쁨과 행복을 주는 분들은 여러분 가까이에 있는 부모님, 친구들, 친척들, 선생님들이십니다."

일상생활에서 기뻤던 일과 행복했던 일들을 떠올리면 몸과 마음에는 밝고 행복한 에너지가 충만해지게 돼요. 내가 밝으면 주변 사람들도 밝아지게 도와줄 수 있지요.

질문1 최근에 집에서 가장 행복했던 일은 무엇이 있나요?

질문2 최근에 학교에서 가장 행복했던 일은 무엇이 있나요?

질문3 최근에 그 외 장소(학원, 친척 집 등)에서 가장 행복했던 일은 무엇이 있나요?

모두 적은 다음 모둠별 토론 수업을 진행합니다.

part 03

내가 소중하게 여기는 것은요

"**여**러분은 살면서 무엇이 가장 소중하다고 생각하나요?"

학생들　"저 자신이요.", "우리 가족이요.", "우리 강아지 뽀삐요.", "당연히 가족이요. 가족이 나에게 가장 중요하죠." 옆에 있는 친구는 "건강이요." 그 옆에 앉은 장난기 가득한 남학생은 "여자 친구요."(웃음)

"다들 잘 알고 있군요. 가족, 건강, 여자 친구, 강아지 등 나에게 많은 영향을 주는 소중하고 중요한 존재라는 걸 알고 있어요. 그럼 평상시 중요한 존재들과 따스한 말과 행동으로 대화하고 있나요?"

학생들　"아니요, 맨날 싸워요.", "예, 우리 집은 잘 지내요.", "아니요, 형이 맨날 괴롭혀서 따스한 말과 행동을 할 수가 없어요."

아래 사례 1. 2를 읽고 나눔을 진행합니다.

사례 1은 엄마와 딸 역할을 해줄 친구를 뽑아서 진행합니다.

엄마와 딸 - 화장한 모습을 본 갈등 상황

학교에 갈 때는 분명히 민낯이었는데 학교를 마치고 온 딸이 화장(풀 메이크업)을 하고 집에 왔어요.

엄마 너 어디서 화장하고 온 거니?

딸   학교에서 쉬는 시간에 화장했어요.

엄마 학교에서 선생님들이 화장하지 말라고 하셨잖아?

딸   친구들도 다 화장한단 말이에요. 아, 짜증 나. 엄마는 잘 모르면서….

- 13세 여학생

엄마와 아들 - 교복으로 인한 갈등 상황

5월 초부터 중3 전교생은 반별 일정에 맞춰 학교에서 졸업 사진 촬영이 며칠째 계속되고 있었어요. 담임선생님께서 "날씨는 조금 덥지만 춘추복 재킷을 꼭 입고 등교하세요."라는 문자를 보내셨기에 엄마에게 문자를 보여 드렸어요. 아침에 일어나 보니 엄마는 아침밥도 거른 채 다리미로 반질반질 저의 교복 재킷과 와이셔츠를 다리고 계셨어요. 저는 날씨가 조금 더워 하복을 입고 학교에 가려고 방에서 나왔어요. 엄마는 저에게 "사진 깔끔하게 나오도록 재킷하고 와이셔츠 입고 가라."고 하셨어요. 저는 "더우니까 하복 입고 갈래요." 하고 우겼습니다. 밖은 바람이 조금 차긴 하지만 학교까지 10분 정도 걷다 보면 엄청 덥거든요. 그래서 자꾸 입기 싫은 옷을 입으라고 해서 감정이 격해져서 제가 짜증이 났어요. 그래서 다려진 재킷과 와이셔츠를 막 구겨서 가방에 쑤셔 넣었어요. 그런데 재킷을 가방에 구겨 넣다가 엄마에게 딱 걸렸어요.

옷을 구겨서 가방에 넣다가 엄마와 눈이 마주친 저는 결국 엄마의 말을 거역할 수 없어서 춘추복을 입었고, 재킷은 팔에 걸치고 구김이 잘 생기지 않는 하복을 종이 가방에 챙겨 학교를 향해 빨리 걸어갔어요. 학교에 도착해서 '바로 하복으로 바꿔 입어야 한다'고 생각했지만 갈아입을 시간이 나질 않았어요.

1교시를 마치자마자 바로 졸업 사진 촬영이 시작되었어요. "아! 하복으로 안 갈아입길 잘했다."라는 생각이 살짝 들었어요. 하복 입고 온 반 친구들은 급하게 춘추복을 꺼내어 갈아입느라 교실은 온통 소란스러웠어요. 친구들을 보면서 불현듯 아침에 엄마에게 화내고 짜증 낸 제 모습이 부끄럽게 생각되었어요. 졸업 사진 촬영 후 시원한 여름 하복으로 갈아입고 학교 수업을 들으면서 아침에 교복으로 인해 엄마에게 짜증 낸 일이 종일 마음에 걸렸어요.

- 16세 남 중학생

> **[사례 1] 엄마와 딸 - 화장한 모습을 본 갈등 상황**
>
> `질문1` 화장을 하고 학교를 다녀온 딸에게 가장 소중한 것은 무엇이었을까요?
>
>
>
> `질문2` 화장을 하고 학교를 다니는 딸을 본 엄마에게 소중한 것은 무엇일까요?

[사례 2] 엄마와 아들 - 교복으로 인한 갈등 상황

질문 1 아들에게 아침에 가장 소중한 것은 무엇이었을까요?

질문 2 엄마에게 아침에 가장 소중한 일은 무엇이었을까요?

질문 3 위의 사례를 읽고 느낀 점이 있다면 적어 주세요.

청소년 여러분이 잘되기만을 바라는 부모님은 여러분의 비위를 맞추려고 계신 분이 아닙니다. 자녀라서 무한한 사랑을 가지고 있

지만 엄마도 아빠도 사람이어서 존중받고 이해받고 싶은 마음은 같습니다. 가족들이 가장 소중한 것을 안다면 어떻게 대해 드려야 할까요?

"세상에 함부로 대해도 되는 사람은 한 명도 없습니다.
우리는 모두 소중한 한 사람, 한 사람입니다."

내가 가장 중요하다고 생각하는 가족이나 친구들에게 내가 얼마나 잘 대해 주고 있는지 물어보면 친한 사이일수록 화를 제일 많이 낸다고 합니다. 오늘 친한 친구가 내일은 적이 되어 다투는 경우도 많다고 하구요.

"우리는 가까이 있는 사람들에게 말이나 행동으로 실수를 하게 됩니다. 가장 소중하고 중요한 가족들과 가까이 있는 분들에게 우리는 왜 상처를 주고 화를 내는 걸까요?"

학생들   "가족이니까…", "만만해서…", "서로 말하는 패턴을 아니까…", "그렇게 살아와서…."

"가족이 나에게 기쁨과 행복을 주는 중요한 사람이라는 것을 인식하지 못하는 경우가 많지요. 나에게 가족이 가장 중요하다는 것을 잊지 않았으면 좋겠어요."

"가정이 사람을 만든다." - 스마일즈

　학교에서 문제를 일으키는 아이들 중에는 집에서 부모님께 잘못된 습관을 배워서 문제가 되는 경우가 종종 있어요. 그리고 보면 청소년 문제는 청소년의 문제가 아니라 부모님과 연계된 게 많지요. 많은 청소년이 가정에서 생긴 문제를 학교로 가지고 와서 선생님들과 갈등을 겪는 경우가 많습니다. 그럼 우리 청소년들은 누구와 대화를 나누어야 마음이 평화로워질까요?

part 04

기린 (연민 - 가엽고 불쌍한 마음)의 마음으로

"**길**을 걸어가는데 집을 잃어버린 듯 앙상하게 마르고 애처로운 눈망울을 가진 조그만 강아지를 보게 되면 어떤 마음이 드나요?"

학생들 "불쌍해요. 집에 데려오고 싶은 마음이 들긴 하는데… 엄마한테 혼날 것 같아요.", "가여울 것 같아요."

"그렇지요. 불쌍한 강아지를 보고 느끼는 그 마음이 바로 연민(가엽고 불쌍한 마음)이에요. 비폭력 대화는 '연민의 마음을 가지고 나누는 대화'입니다.

비폭력 대화에 들어가기에 앞서 '대화'는 두 명 이상의 사람이 상대방의 마음을 깊숙이 헤아리며 자세히 듣고 말하는 것이에요. 여러분은 대화를 잘하고 있나요?" 하고 물어보면 학생들은 "상대방의 마음을 헤아리며 하는 대화는 못하고 있어요."라고 대부분 말합니다. '비폭력 대화'는 무엇일까요?"

학생들   "아닐 비(非) 자를 써서 비폭력 아니에요?", "폭력이 아
         닌 대화요."

"맞습니다. 비폭력은 한자 그대로 폭력이 아닌 것, 영어로 아
니다(Non), 폭력(violent), 대화(Communication)라고 해서 '폭력이 아
닌 대화' 비폭력 대화라고 해요. 앞 글자를 따서 NVC(Nonviolent
Communication)라고 칭합니다.

비폭력 대화의 상징은 '기린'입니다. 기린은 동물들 중 심장이 가
장 커서 따뜻한 마음이라는 '연민(가엾고 불쌍한 마음)'을 상징하기에
충분해서 '기린을 평화의 상징'으로 정했어요. 기린은 상대방의 마
음을 받아들이고 스스로 행하며 서로 돕는 공동체 정신을 가지고

있어요. 나와 더불어 다른 사람들의 삶도 풍요롭게 도와주고 자율성을 바탕으로 서로 공유하며 부탁하거나 요청을 통해 평화에 이르게 도움을 줍니다."

　비폭력 대화는 임상 심리학자인 마셜 로젠버그 박사가 전쟁을 겪은 많은 사람이 갈등으로 고통스러워하는 것을 보고 평화 프로그램으로 시작하게 되었어요. 지금은 국제 비영리단체인 비폭력 대화센터(CNVC)를 통해 전 세계 35개 국가에서 워크숍과 교육을 진행하고 있어요. 우리나라에는 '한국NVC센터'에 책임자 '케서린 한'이 있습니다. 우리나라도 비폭력 대화를 실행하는 35개 국가 중 하나랍니다. 대한민국도 전쟁을 겪어서 연민(가엽고 불쌍한 마음)이 많이 필요한 나라입니다.

part 05

세대별 언어가 달라요

"연 세 많으신 증조할머니, 증조할아버지 혹은 할아버지, 할머니들은 고통스러운 전쟁을 겪으셔서 몸과 마음이 많이 힘드셨지요. 저는 늦둥이라서 아버지께서 직접 겪은 6·25 전쟁의 고통을 들을 수 있었어요. "그 시절은 밥 한 끼 먹기 어려웠고, 목숨만 건졌으면 하는 마음으로 견뎠다."는 그 힘든 이야기를 들었을 때 마음이 많이 아팠답니다. 혹시 주변에 전쟁을 직접 경험한 가족이 있는 사람 있나요?"

학생들 "할머니, 할아버지 연세가 많으신데요, 전쟁을 직접 겪으셨대요.", "우리 증조할아버지, 할머니도 아직 살아계세요."

우리 가까이에 생각보다 전쟁을 겪으신 분들이 많이 계시다는 것을 다시금 인식합니다.

"전쟁은 서로에게 아픔과 깊은 상처를 남깁니다."

전쟁을 직접 경험한 연세 많으신 어르신께 여쭤보았더니 "우리 가족 먹을 것, 입을 것, 걱정 없이 모두 모여 잠잘 수 있는 곳이면 충분했지. 학교는 다닐 엄두도 못내고 매 끼니를 걱정해야 했고, 들이며 산으로 가서 허기진 배를 채워야 했으며, 가족들이 머물 공간이 부족해 뿔뿔이 흩어져서 살던 시절을 생각하면 지금 청소년들은 너무 풍요로워서 문제다."라고 말씀하시더군요.

윗세대에서 전쟁을 겪었고 그다음 세대, 그다음 세대가 청소년 여러분의 어머니, 아버지 세대입니다. 이념과 갈등으로 일어난 전쟁으로 말미암아 그 후손들인 저 그리고 여러분과 부모님들은 무엇을 배웠을까요?

다른 이념과 갈등으로 깊은 가난, 배고픔, 못 배움의 고통을 겪은 윗세대와 여러분의 부모님 세대, 그리고 청소년 여러분들이 자주 듣는 말을 살펴보면 많이 다르다는 것을 알 수 있어요.

세대별 청소년 시기에 들은 말과 깊은 의미의 차이		
윗세대 (할머니, 할아버지) 가 청소년 시기에 들은 말	부모님 세대가 청소년 시기에 들은 말	지금 청소년들이 자주 듣는 말
"내 새끼들 굶어서 허기진 배 잡고 산다. 가여워서 우짜노."	"나가서 돈 벌어서 우리 식구들 같이 먹여 살리자."	"공부 열심히 하고, 좋은 직장에 들어가서 성공한 삶을 살아라."
(깊은 의미) 우리 식구 먹을 음식이 충분히 있었으면 좋겠다.	(깊은 의미) 형, 언니 동생이 배고프지 않고 공부를 했으면 좋겠다. 동생을 위해 어린 나이에 직장에 나가서 돈 벌어야지.	(깊은 의미) 공부를 잘해야 좋은 직장에 들어가고 잘 먹고 잘 살 수 있어.

윗세대(할머니, 할아버지)는 자녀들을 '내 것'이라고 여기는 의식이 강한 세대입니다. "아이고 내 새끼 밥 묵었나?" 할머니들께서 자주 쓰시는 '내 새끼'라는 말은 '내 것'이라는 말로, '너는 내 맘대로 해도 된다.'라는 신념을 가지게 되고 행동과 말로 표현하십니다.

부모님 세대는 윗세대보다는 조금 형편이 나아졌지만 인구가 전쟁 후 엄청 많이 태어난(베이비붐 세대)*와 그 이후 태어난 분들이 바

---

* 베이이붐 세대(baby boom generation) : 6·25 전쟁 후 혹독한 불경기를 겪은 후 사회적·경제적 안정 속에서 태어난 1955~1963년생 세대를 지칭함.

로 청소년 여러분들의 부모님이십니다. 베이비붐 세대로 태어난 큰이모, 큰삼촌, 큰아빠, 큰엄마와 그들의 형제자매들은 동생들을 위해 학업을 포기하고 산업 현장에 어린 나이에 뛰어듭니다. 배움과 성공의 경험에 한이 맺힌 세대, 그것은 아빠들보다는 엄마들이 훨씬 많습니다. 왜냐하면, 과거 우리나라는 남존여비 시대(남자는 존중받고 여자는 비하하는 시대)를 살아왔기에 청소년들의 엄마들은 공부의 한이 많은 세대입니다.

공부의 한이 많은 엄마는 자녀들이 공부할 수 있다는 것에 부러움과 함께 이왕 주어진 기회 열심히 공부하기를 강요하지요.

사례

| 엄마들 | "예전엔 내가 학교 다닐 땐 문제집 하나 없었는데….", "너네는 문제집에, 학원에 쉽게 공부할 수 있어서 참 좋겠다." |
| 청소년들 | "엄마, 아빠 세대가 배운 것보다 우리들의 공부량은 세월이 흘러서 더 많아졌어요. 역사도 시간이 지나서 더 길어졌고, 새로운 것도 너무 많아졌구요.", "무엇보다 공부 시간이 너무 길어요. 학교에서 7시간이나 앉아서 배웠는데 마치고 바로 학원 가서 4시간이나 공부를 더하라고 하시니… 이건 너무한 것 같아요." |

청소년들이 얼마나 긴 시간 동안 공부와 씨름하며 고통스러워하는지 이해가 됩니다. 엄청난 공부량과 더 늘어난 책의 양들도 부담스럽다는 것이 진하게 느껴집니다.

청소년들은 '공부 열심히 해서 좋은 직장 들어가라'는 얘기를 수도 없이 들었을 거예요. 그만큼 어른들의 기대는 커져 있죠. 부모님이 이루지 못한 것을 자녀가 이루어주길 바라는 부모님이 많아요. 그러면 청소년들은 압박감과 부담감이 커져 고통스러워하지요.

그렇지만 부모님 세대, 그 윗세대가 의미하는 바를 이해하고 나면 마음이 어떤가요?

어른들이 그런 말씀을 하시는 데에는 그만한 이유가 있겠구나! 하고 들어주는 기린의 연민의 마음이 필요합니다. 청소년 여러분이 힘들다고 얘기했는데 "너만 힘드냐?"라고 말해 주면 속상하지요?

많은 어른과 선생님들께서는 자녀와 제자가 잘되라고 말씀을 많이 하시지요. 그렇지만 중요한 것은 청소년이 원하는 것인지 원하는지 않는지 물어보지도 않고 혼자 결정하시고는 "널 위한 것이다."라고 하신다는 거죠.

기린의 따스한 연민(가엾고 불쌍한 마음)을 가지고 짜증 내고 화내는 친구를 가엾고 불쌍한 마음으로 바라보며 "친구가 화가 났구나!" 하고 바라봐 주면 그 화는 나에게 오지 않고 친구에게로 돌아갑니다. "반사 알지요? 친구나 가족, 선생님, 주변 사람들이 나에게 이유도 모른 채 화를 낼 때에는 ○○가 화가 많이 났구나!" 하고 마음

속으로 생각합니다. 그러면 나의 내면은 평화로운 기린의 마음이
됩니다.

어른들은 기린의 연민(가엽고 불쌍한 마음)을 준비하시고 자녀와 제
자들에게 물어봐 주세요.

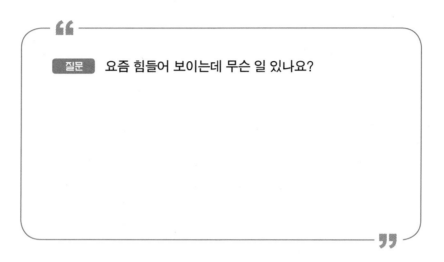

질문 요즘 힘들어 보이는데 무슨 일 있나요?

힘들어하는 친구와 가족, 제자가 있다면 그들의 이야기를 들어주
세요. 이 세상에 내 이야기를 들어주고 내 편이 되어 주는 한 명만
있어도 답답한 가슴이 숨 쉴 수 있고 조금이나마 살 만한 세상이 됩
니다.

주변에 울고 있거나 힘들어하는 사람, 혹은 괴로워하는 사람이
있다면 기린의 따스한 연민의 마음으로 이야기를 들어주세요.

part 06

> ## 토닥토닥 –
> ## 나와 가족들의 마음을 이해해요

"청 소년 여러분은 가족들과 하루 중에 나누는 대화가 얼마나
되나요?"라고 물어보면 "아주 짧게 대화 나눠요."라는 대
답을 가장 많이 듣습니다. "말은 혼자 하는 것이고, 대화는 두 명
이상의 사람이 '상대방의 마음을 깊숙이 헤아리며 자세히 듣고 말
하는 게' 진정한 대화"라고 말하면 학생들은 "우린 대화 안 하고
말을 더 많이 하나 봐요. 상대방 마음을 읽는 대화는 안 하는 것 같
아요."라고 솔직하게 대답합니다.

"학교나 집, 학원에서 기쁜 일이나 슬픈 일 있으면 누구와 마음
속 이야기를 많이 나누나요?"라고 물어보면 "친구요.", "이성 친구
요."라며 키득키득 웃습니다. "가족들과 자주 대화를 나누는 친구
들이 있나요?" 하고 물어보면 반에서 5~6명 정도는 부모님과 자주
대화를 나눈다고 합니다.

내가 기쁘거나 슬프거나 억울할 때 누군가가 내 말을 들어주고 공감해 준다면 얼마나 기분이 좋을까요?

학교에서 학생들이 학원 숙제하느라 쉬는 시간에도 문제집 푸는 것을 많이 봅니다. 참으로 안타까운 모습이에요. 다들 잠시라도 쉬는데 어떤 학생은 수학, 영어 단어 외우느라 무척 지쳐 보입니다. 다가가서 "쉬는 시간인데도 학원 숙제 하는군요? 숙제 많이 남았어요?" 하고 대화를 시도하면 "어제 학교 수행과제 준비하느라 학원 숙제를 못 했어요."라고 말하고서 힘겹게 학원 숙제를 합니다.

스스로 미래를 준비하기 위해 시간을 관리하면서 열심히 공부하는 학생이 있는가 하면 반 친구에게 대신 숙제를 시키는 친구들도 있더군요. 수학이 어려워서 수학을 잘하는 친구에게 대신 풀어 달라고도 하고, 자기는 휴식을 취하는 학생들의 모습을 보면서 학원은 누구를 위해 다니는지 물어보고 싶을 때가 여러 번 있었어요.

중학교 학생들에게 외부 강사가 아닌 일반 학교 선생님들의 수업시간 풍경을 물어본 적이 있었어요. 학생들이 대답하길 "거의 반이상이 책상에 엎드려 잔다고…" 충격적인 말을 하더군요. "학원에서 엄청 잘 가르치는 선생님들한테 수업 다 듣고 와서 다 아는 내용이라 중요 과목인 수학, 영어 시간에는 더 많이 자요." 하고 말하더군요. '학생들이 많은 학업으로 지쳐 학교에서 수면을 보충한다'는 웃지 못할 이야기를 들을 땐 너무 가엾다는 느낌이 듭니다.

비폭력 대화 코칭 시간은 질문과 대답을 통해 자신이 아는 것과 실천하는 것을 나누도록 진행하므로 잠자는 청소년들이 거의 없는

편입니다. 학교에서 학생들이 솔직하게 자신의 감정과 사는 모습
을 마음껏 펼쳐 보이는 시간으로 꾸며집니다.

〈대화가 필요해〉

가족이 대화를 나누지 않으면 엄마, 아빠, 자녀들에게 무슨 일
이 있는지 모르게 됩니다. 예전에 했던 KBS2 개그 콘서트에 나오
던 〈대화가 필요해〉 코너는 현재 한국 가정의 모습을 아주 잘 보여
준 사례입니다. 가족들의 생활 패턴을 모르면 오해로 인한 실수로
안 좋은 감정이 생길 수 있습니다. 좋지 않은 감정이 자꾸 쌓이면

엉뚱한 곳에서 '빵' 터지게 되어 있지요. 감정이 폭발하면 무서운 화가 분출됩니다. 활화산만큼이나 강력한 화가 말이죠. 무서운 분노가 나와 가족 그리고 친구들, 선생님께 가지 않도록 수시로 가족들과 토닥토닥 가슴속 이야기를 나눠 보세요.

"오늘 하루 어떻게 보냈나요?"
"오늘 하루 어떻게 보냈어?"

상대방이 무엇 때문에 기분이 좋았는지, 나빴는지 물어봐 준다면 청소년과 가족들의 감정 상태를 알 수 있게 되겠지요. 청소년 코칭이나 상담해 보면 자기 마음을 털어놓을 가족도, 대화 나눌 친구도 없는 사람들이 게임이나 중독되는 일에 빠지게 되어 사회 문제를 일으키게 되는 경우가 아주 많아요.

가정과 학교에서 힘을 모아 부모님, 선생님께서 15~30분 토닥토닥 상대방의 이야기를 들어주고 수시로 대화를 나눈다면 청소년의 마음이 안정되어 학교 폭력도 현저히 줄어들게 됩니다. 문제 행동을 한 학생이 그 행동을 왜 하게 되었는지 이해하게 됩니다.

기린의 따뜻한 마음으로 모둠 활동을 해봅니다.
모둠을 만든 후 시계방향으로 돌아가며 서로의 이야기를 들어
주는 시간입니다.

질문 1 "요즘 어떻게 지내?"라고 물어봐 주세요.

(모둠 짝 친구들과 돌아가면서 "요즘 어떻게 지내?"를 질문 후 2분씩 대화
하고 나서 느낀 점을 발표합니다.)

질문 2 모둠 친구들과 들어주는 대화를 하고 난 후 느낀 점이 있
다면?

질문 3 가족이나 친구, 그 외 사람들과 대화를 실천할 방법에 대
해 토론합니다.

※ 대화를 잘하는 것도 중요하지만 가족들에게 먼저 대화를 시도하는 것도
매우 중요하다는 것을 잊지 마세요.

2

"내 행동이나 말이 다른 사람들에게 상처를 준다면?"

part 07

그렇게 말하고 행동하면 마음이 아파요

"평상시 이유도 모른 채 친구가 나에게 짜증이나 화를 내면 어떻게 대하나요?"라고 질문을 해봅니다. "왜 짜증이야? 하고 말해요.", "왜 저래?"라고 말하는 친구들이 많습니다.

이유를 모른 채 누군가가 나에게 화를 내고 짜증을 내면 내 마음이 아파지지요. 마음을 아프게 하는 대화는 폭력성을 지니고 있어요. 마음과 몸, 그리고 영혼까지 아프게 하는 폭력 대화!

"여러분은 '폭력 대화'란 어떨 때 폭력 대화라고 느끼나요?"

학생들　"싸우는 대화요.", "감정이 격해지는 대화요.", "주먹을 부르는 대화요."

"여러분은 어떨 때 폭력적이거나 공격적이게 되나요?"

학생들　　"나를 무시할 때요.", "비하할 때요.", "놀릴 때요.",
　　　　　　 "남들과 비교할 때요.", "장난이 심할 때요."

"나를 무시하거나 비하하고, 놀리거나 비교하고, 장난이 심하면 폭력적이고 공격적이게 되나요?"

학생들　　"아니요.", "어떤 때는 괜찮은데… 어떤 때는 굉장히
　　　　　　 공격적일 때가 있어요."

"중요한 포인트에요. 똑같이 싫은 말과 행동을 했는데도 어떨 때는 그냥 지나가다가 어떤 때는 거친 폭력 대화(패드립*)로 서로를 다치게 하죠. 폭력 대화의 상징은 '**자칼**'이에요. 상대방을 지배하려고 하고 습관적으로 '나는 옳고, 너는 틀렸다.'라고 하며, 보상과 처벌을 내리죠. 자기가 선택하고는 책임은 타인에게 떠넘겨요. 비교와 경쟁을 부추기고 상대방을 지배하려고 합니다. 항상 명령과 강요를 일삼는 것을 '자칼의 언어 폭력 대화'라고 해요."

나는 옳고,
너는 틀렸다.
내 말 들어!

* 패드립 : 조상과 같은 윗사람(연세 높으신 분)을 욕하거나 개그 소재로 쓰는 것을 뜻함. 패륜+드립의 준말

70

"학교에서 일어나는 자칼처럼 행동하는 폭력은 무엇이 있나요?"

학생들　"심하게 패드립치는 친구들과 몰려다니면서 친구를
　　　　힘들게 하는 거요.", "왕따시키는 거요."

"학교에서 일어나는 폭력을 보면 정신적, 신체적, 물리적으로 고
의적으로 왕따와 패드립, 시비, 다른 사람 시켜서 때리기, 장난을
빙자해서 때리기, 화장실 청소 대신시키기, 연필로 친구 다치게 하
기, 돌 던지기, 흙 뿌리기, 침 뱉기, 실내화 주머니 숨기기도 이에
해당됩니다.

집단 따돌림도 폭력이에요. 친구가 넘어져서 일으켜 세워주려는
데 친구를 못 돕게 막는 일, SNS에 친구를 못 들어오게 막는 일 등
고의적으로 따돌리는 것은 자칼의 행동 폭력이에요.

폭력에도 언어 심리적인 것도 포함돼요. 듣기 싫어하는 말과 별
명 부르기와 뒤에서 흉보기, 빈정거리거나 조롱하기, 있지도 않은
나쁜 소문 퍼뜨리기, 음란한 눈빛과 몸짓, 친구의 사진이나 동영상
으로 수치심을 느끼게 하는 일, 그리고 사이버 폭력 등 많은 청소년
들이 장난삼아 했지만 친구의 몸과 마음이 아프고 힘들게 되었다
면 자칼의 언어와 행동을 한 것이기에 폭력 행동에 해당됩니다."

상대방이 싫어하는 행동이나 말장난을 이용해서 친구를 괴롭히
는 대화를 하면 서로가 갈등이 생기고 관계는 나빠집니다. 이런 일
로 전학을 가거나 학교를 그만두는 친구들도 생기게 되므로 조심
해야 합니다.

집에서의 폭력 대화는 어떤 게 있는지 사례로 만나 봅니다.

아래 가족이 일상에서 나누는 폭력 대화를 학생 2명이 나와서 엄마와 아들의 역할극을 진행합니다.

엄마와 아들의 폭력 대화

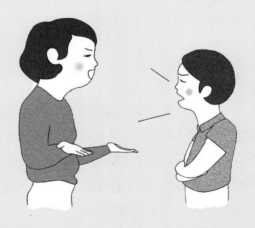

아들 (일어나자마자 급하게 달려와서는) 엄마, 밥 줘… 밥…

엄마 아직 밥 덜 되었는데… 10분만 기다려.

아들 에이, 지금 밥 먹어야 안 늦는데… 늦잖아. 안 먹어. X

엄마 (당황한 표정이 가득한 채) 야! 학교 일찍 간다는 얘기 안 했잖아.

아들 수학 숙제 있었는데…, 학교에 책 놓고 왔단 말

	이야. 밥 빨리 먹고 학교 가려고 했는데, 몰라! 안 먹고 갈 거야…. X
엄마	그래도 간단하게 차려줄게, 먹고 가….
아들	몰라! 좀 일찍 깨워 주지. 안 먹어, 그냥 학교 갈 거야.
엄마	먹기 싫으면 말어! 미리 말도 안 하고 성질 내고 그럴 거면 굶고 학교 가! 너만 손해지… 어디서 성질이야!
아들	엄마 나빠!

"

질문 '엄마와 아들의 폭력 대화'를 보고 어떤 느낌이 드나요?

"

폭력 대화는 둘 다 상처 주는 대화예요. 아들은 엄마가 자기가 원하는 대로 밥을 빨리 안 차려 주어 속상하고, 엄마는 아들이 수학 숙제 때문에 학교 일찍 가야 한다는 걸 몰랐기에 속상하고, 서로의 마음을 몰라 주니 둘 다 기분이 나빠지고 말았네요. 그런데 여기에는 아들의 원망*이 들어 있어요. 자신의 잘못이 아닌 엄마의 탓으로 돌리는 원망은 갈등의 핵심 요소입니다. 남을 탓하기 전에 자신의 행동에는 잘못이 없었는지 생각하고 말해야 합니다.

학교에서의 폭력 대화는 어떤 게 있는지 사례로 만나 봅니다. 아래 선생님과 학생의 폭력 대화 사례와 선생님과 학생의 비폭력 대화 사례가 있습니다. 두 사례를 읽고 어떤 느낌이 드는지 적어 봅니다.

선생님과 학생의 폭력 대화 사례

창문을 열고 수업 듣는데 학교 운동장에서 체육 수업을 하는 다른 반 학생들의 까르르, 깔깔깔 웃음소리가 한가득 교실에 들려옵니다. 창가에 앉은 남학생 친구들의 시선이 운동장을 향합니다.

선생님   내가 지금 수업하는데 운동장 쳐다보는 애들은 뭐야? 너희들 뭐야? 정신 안 차려! 기말고사가

---

* 원망 : 못마땅하게 여기어 탓하거나 불평을 품고 미워함

코 앞인데 정신 안 차리고 딴짓할 거야?

남학생 운동장에서 웃는 소리가 너무 크게 들려서요.

선생님 체육 수업 하나 보다 하고 넘겨. 너희가 집중할 건 내 수업이야. 어리석게 밖의 일에 신경 쓰지 말고 수업에 집중하라고. 지금 기말고사 범위라고 했잖아! (손가락으로 지적하며) 창문 옆 너네들 당장 문 안 닫고 뭐해!

남학생 아, 시끄러! (창문을 쾅 닫는다)

"

질문 선생님과 학생의 폭력 대화 사례를 읽고 느낀 점이 있다면 적어 주세요?

"

다음은 위와 같은 사례를 비폭력 대화로 나눠 봅니다.

창문을 열고 수업 듣는데 학교 운동장에서 체육 수업을 하는 다른 반 학생들의 까르르, 깔깔깔 웃음소리가 한가득 교실에 들려옵니다. 창가에 앉은 남학생 친구들의 시선이 운동장을 향합니다.

선생님　체육 시간에 재미있는 일이 있나 보네. 웃음소리가 크게 들리니 수업에 방해가 되지? 창가 친구들 창문 좀 닫아 줄래? 지금 중요한 기말고사 범위 수업하니까 조금 더 집중하고 들어줬으면 좋겠다.

남학생　네… 선생님(대답 후 얼른 창문을 닫고 자리에 앉아 수업에 집중한다.) 안 그래도 운동장에서 소리가 많이 나서 힘들었는데요, 선생님 센스 짱이세요! (엄지 척)

비폭력 대화는 서로에게 유익하고 미소 짓게 하지만 폭력 대화는 둘 다 기분 나빠지고 힘들어집니다. 두 사람 중에 한 사람이 이 대화는 감정을 다치는 폭력 대화란 걸 알아차려야 빨리 멈출 수 있어요. 대화를 하다가 기분 나쁜 감정이 올라오면 대화를 멈추세요.

상대방이 싫다고 말하면 멈추어야 하며 3번 이상 싫다고 했는데도 계속하면 폭력으로 간주됩니다. 이런 행동을 하는 사람을 보면 '자칼의 말과 행동을 하고 있구나.'를 알아차려야 합니다.

"폭력적으로 말씀하시고 행동하시면 제 마음이 아파요!"

여기에서 중요한 것은 상대방의 잘못된 행동에 초점을 맞추어야 하며, 행동을 비판(비난, 판단, 원망, 진단)하면 새로운 갈등이 생깁니다. 자신의 감정, 자신이 필요로 하는 것을 말해야 갈등을 줄일 수 있어요.

part 08

어른들이 우릴 갈라놨어요

학 교에서 유난히 친구들과의 관계로 인해 힘들어하는 학생들을 가끔씩 보게 됩니다. 개별 대화나 상담을 해보면 친구와의 문제보다 어른들의 잘못된 개입으로 인해 친한 친구와 금세 남남이 되는 것을 보게 됩니다.

초등학교 5학년 남학생이 겪은 사례입니다. 원래는 기린처럼 다정했던 친구였는데, 한 친구의 엄마가 편을 갈라놓아 자칼처럼 남을 업신여기고 깔보는 사례입니다.

5명이 앞으로 나와서 한 명은 지문을 읽고 두 명은 엄마 A와 엄마 B의 역할을, 나머지 두 명은 엄마 A의 아들, 엄마 B의 아들 역할을 해봅니다. ○○에는 역을 맡은 사람의 이름을 넣어서 진행합니다.

같은 아파트 7단지에 평수 차이가 유난히 많은 아파트가 있었어요. 보통은 20평, 30평대인데 이 아파트만 유독 60평, 70평이었지요. 초등학교 5학년 남학생은 20평 남짓한 아파트에 살면서 새로 입주해서 72평 아파트에 사는 친구와 같은 반이 되었어요.

둘은 성격이 온순해 친하게 지내게 되었고, 학교에서 밥도 같이 먹고 수영장도 같이 다니는 친한 친구가 되었어요. 그런데 어느 날 72평에 사는 친구의 엄마가 20평에 사는 친구 엄마를 두 아이가 함께하는 수영장에서 만나고서는 다시는 둘은 친구가 될 수 없었어요. 왜냐하면, 평수가 많이 차이 난다는 이유로 어른들이 아이를 갈라놓았기 때문이에요.

엄마 A   ○○ 엄마 아파트 어디 살아요?

엄마 B   B 아파트에 살아요.

엄마 A   거기 20평대죠?

엄마 B   네⋯. ○○네는 어디 살아요?

엄마 A   우리는 A 아파트에 살아요.

엄마 B   거긴 큰 평수가 많다고 하던데⋯.

엄마 A   네, 저흰 72평이랍니다. (말한 뒤 쌩 가버린다.)

대화를 마친 72평에 사는 엄마는 평수를 말하곤 쌩하고 가버립니다. 그리고는 수영장에서 만나도 20평대 엄마는 아는 체도 하지 않습니다. 그러더니 시간이 지날수록 72평에 사는 친구가 20평대 친구를 멀리합니다. 그래서 20평대에 사는 친구가 72평에 사는 친구에게 대화를 시도합니다.

엄마 B의 아들　　ㅇㅇ아, 왜 자꾸 나를 멀리해? 수영장에서도 나와 어울리지 않고, 학교에서도 그렇고… 왜 그래?

엄마 A의 아들　　엄마가 B 아파트에(평수 작은 아파트) 사는 애들하고 어울리지 말래. 수준 차이 난다고… 난 너와 친구가 될 수 없어.

이 말은 들은 20평대에 사는 친구는 충격에 수영을 그만두었고, 엄마에게 "학교에서 집 평수 넓은 아이들만 모여 밥을 같이 먹는다"며 괴롭다고 말합니다. 은근히 또는 대놓고 따돌림이 있는 학교 환경에 견딜 수 없어 결국 이사를 갑니다.

"

> **질문** 위의 역할극을 보고 나서 드는 느낌이 있다면?

"

어른들의 잘못된 끼리끼리의 문화가 진정 좋은 친구를 곁에 둘 수도 없게 하는 안타까운 상황입니다. 가까운 이웃이 위와 같은 사례로 괴로워하며 20평대 집을 팔고 넓은 평수는 살 수 없어 전세로 이사 가는 것을 보면서 '사람들은 왜 이리 이상하게 편을 가르며 사는 걸까?' 하고 깊은 사색을 하였습니다.

친한 아이들이 어울릴 수 없게 만드는 것은 어른들의 이기심 때문이라는 걸 알게 되었기에 속담처럼 "사람 나고 돈 났지, 돈 나고 사람 났나?" 물어보고 싶습니다. 아무리 가진 돈이 귀중하다고 해도 사람이 더 귀중하다는 것을 가르쳐야 하는 건 어른들의 몫입니다.

"세상이 좋게 변하려면 내가 먼저 좋은 사람으로 바뀌어야 합니다."

개인이나 집단에게 언어적, 정신적 폭력을 당하는 사람은 지금 마음과 몸이 심하게 상처로 얼룩지게 된다는 것을 이해하고 늘 약자의 편에 서주는 정의로운 사람이 되어 주세요. 인간의 마음에는 언제나 기린과 자칼이 함께 살고 있다는 것을 명심해야 해요. 청소년, 부모님, 선생님의 각자 맡은 역할에서 내 말과 행동을 잘 다스려야 기린의 따스한 연민의 마음을 사용할 수 있어요.

part 09

자칼 아웃(OUT)! 기린 인(IN)!

비 폭력 대화 수업 중간에 "야, 그만해!" 하는 소리가 들렸어요. 자세히 보니 3분단 두 번째 줄에 앉은 여학생이 뒤에 앉은 남학생에게 하는 말이란 걸 알 수 있었어요. "무슨 일이에요?" 하고 여학생에게 물어보니 "○○가 제 의자 위에 발을 올려놓고 계속 심하게 까딱까딱해서요. 하지 말라고 조용히 말했는데 계속해서 발을 까딱까딱해서 수업에 집중할 수 없어서요. 진짜 짜증나요."라고 말합니다. 남학생 ○○는 멋쩍어 머리를 긁적이며 "그냥 재미로 했는데 이렇게 싫어할지 몰랐어요."라며 머쓱해합니다.

"상대방이 싫어하는 데도 전혀 고려하지 않고 내가 하고 싶은 대로 행동하는 것, 말이나 행동으로 심리적으로 스트레스를 주는 것을 폭력이라고 합니다. 이런 행동을 보았을 땐 자칼 아웃! 이라고 말해 줍니다."

"여러분은 어떨 때 폭력이라고 느끼나요?"

학생들   "거친 행동이요", "무서운 거요.", "얘, 대게 폭력적이

에요." (옆쪽 친구를 장난으로 콕콕 찌르며)

"상대방이 싫어하는 것을 알고도 계속하고 이거 해라, 저거 해라
강요하는 것, 나를 무시하거나 놀리는 것, 비난하는 것도 '언어 폭
력'에 해당돼요. 방금 ○○가 친구를 폭력적이라고 공개적으로 얘
기한 것도 마음에 상처를 주는 말이었죠. 이럴 땐 진심으로 사과를
하는 게 필요하겠지요?"

○○학생   "미안해. 장난한 건데⋯."

"사과는 바로 그 자리에서 하는 겁니다. 진심의 마음으로 지금
이 순간 진심으로 해 주세요."

"여러분은 폭력적인 말을 어디에서 가장 많이 듣나요?"

학생들   "집이요.", "학교요.", "학원이요.", "가족들이 폭력
적인 언어를 너무 많이 써서 제가 당해낼 수가 없어
요.", "학교 선생님들도 저희에게 너무 막말을 많이
하세요."

"친구나 어른들이 폭력적인 자칼로 이야기할 때 "자칼 아웃! 기린 인!"이라고 말해 주세요. 알고 있는 사람이 먼저 실천해야 상대방도 알게 되니까요. 자칼이 나가야 기린이 들어올 자리가 생깁니다."

비폭력 대화는 내 안에 따스한 마음이 있음을 인식하고 기린처럼 남을 먼저 공격하지 않으며, 상대방이 자칼처럼 나에게 서운하거나 공격적으로 다가올 때 연민(가엽고 불쌍한 마음)으로 바라봐 주며 나누는 대화에요.

part 10

습관적으로 남의 단점을 함부로 말하면 마음을 다쳐요

 평소 잘못된 습관을 지닌 여학생 사례를 읽어 보고 토론해 볼 게요.

초등학교 4학년인 여학생은 어려서부터 생각나는 대로 말하는 것을 습관화하고 자랐습니다. 키가 자그마한 여학생은 어려서부터 자기 마음 가는 대로 표현을 하기로 유명한 아이였죠. 길을 가다가 자기가 생각하기에 뚱뚱하고 못생긴 아줌마를 보면 가까이 다가가 "아줌마, 어쩜 그리 뚱뚱하고 못생겼어요?", "아줌마는 누굴 닮아서 그리 못생겼어요?" 하고 꼭 말하고 지나가는 여학생입니다. 당황한 아줌마는 한마디 하려고 주변을 살피지만 아이는 쌩하고 가버리고 없습니다.

어느 날 미용실에서 그 아이와 놀림을 받았던 아줌마는 또 만나게 됩니다. 이때 그 아이는 또 다가가 "아줌마, 어쩜 그렇게 뚱뚱하고 못생겼어요?" 묻고는 빤히 쳐다봅니다. 당황한 기색이 역력한 아줌마는 아무 말 못 하고, 단골 미용실 손님들은 '저 맹랑한 아이 좀 보소' 하는 표정으로 저 아이의 엄마가 누구인지 찾느라 주위를 두리번거립니다.

"우리 아이가 좀 솔직한 편이라서 그래요. 아줌마가 이해하세요."라고 말하는 여학생 엄마. 어린 아이여서 다들 웃고 지나갑니다.

위 사례를 읽고 토론 후 나눔을 진행합니다.

초등학교 4학년 여학생이 모르는 사람에게 다가가 단점만 콕 집은 말과 행동으로 상처를 줍니다.

> **질문 1** 내가 이 아이라면 지금 이 행동은 왜 하게 된 걸까요?
>
>
>
> **질문 2** 어린 여학생에게 한 번도 아니고 두 번이나 상처되는 말을 들은 아줌마의 마음은 어땠을까요?
>
>
>
> **질문 3** 내가 엄마라면 아이에게 뭐라고 말해 주고 싶은가요?

내가 누군가의 단점을 들추고 말장난을 하면 그 사람
과의 관계는 어떻게 될까요?

習관적으로 타인의 모습이나 행동을 보고 비꼬거나 놀리는 이야
기를 하는 학생을 그냥 재미있다고 내버려두면 훗날 더 큰 문제가
되어 돌아옵니다. 친구가 상대방의 나쁜 면을 자꾸 이야기한다면
마음이 많이 아픈 상태이지요. 좋은 친구란 상대방의 좋은 점을 보
고 말할 수 있는 친구가 좋은 친구랍니다.

익자삼우(益者三友)
세 가지 친구가 있다.
정직한 친구를 벗하고
성실한 친구를 벗하고
견문이 많은 친구를 벗하면 유익하다.

- 《논어》

옛 선인들에게서 배우는 지혜로운 이야기 《논어》 계씨(季氏)편에 보면 나의 삶에 유익한 벗이 세 가지 있으니 '정직하고, 성실하고, 견문이 넓은 익자삼우(益者三友)'의 친구와 친하게 지내면 유익한 일이 생기게 됩니다. 익자삼우가 되어 주는 유익한 친구가 곁에 없다면 내가 그런 사람이 되면 됩니다. 그러면 곁에 있는 친구들이 나로 말미암아 좋은 영향을 받을 수 있게 됩니다.

"

질문 1 내가 가진 재능 중 친구들에게 긍정적인 영향을 주는 세 가지가 있다면 무엇인가요?

질문 2 내 곁에는 어떤 친구들이 많나요?

"

part **11**

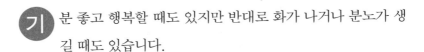

화가 났을 땐 대화하면 곤란해요

기 분 좋고 행복할 때도 있지만 반대로 화가 나거나 분노가 생
길 때도 있습니다.

"청소년 여러분은 언제 가장 화가 나거나 분노가 생기나요?"

학생들   "억울할 때요.", "나를 괴롭힐 때요.", "내 말을 안 들
어 주고 자기 마음대로 생각하고 나무랄 때요."

"화나 분노가 많이 쌓이면 어떻게 되나요?"

학생들   "빵 터져요.", "폭탄이 돼요.", "동생을 때리거나 괴롭
혀요."

"맞아요. 화나면 동생이나 다른 사람에게 화가 전해져서 빵 터지게 되지요."

"비폭력 대화를 나눌 때는 첫 번째 자신을 잘 관찰해야 해요. 내가 지금 화가 나 있거나 분노에 차 있다면 친구나 부모님, 선생님 이야기를 잘 들을 수 있을까요?"

학생들 "아니요, 화나면 다른 사람 얘기 듣기 어려워요."

"그렇죠. 화가 나 있거나 분노에 차 있으면 상대방의 이야기를 잘 들을 수 없어요. 그럴 땐 '내가 무엇 때문에 화가 나 있는지 자신을 먼저 이해해야' 상대방의 이야기를 진정으로 들어 줄 수 있어요.
자기 자신이 평화롭고 안정적인 방법을 알아두면 빨리 편안해질 수 있게 돼요. 내가 왜 화가 나 있는지 분노에 차 있는지 화의 원인도 금방 알게 되지요. 사람은 저마다 처한 상황이 달라 필요한 게 달라요."

평상시 화도 잘 내고 말장난도 심한 남학생 사례입니다.

사례   키가 선생님보다 큰 13세 남학생과 여자 담임 선생님

여학생에게 말로 상처를 많이 주는 문제의 남학생이 여
자 담임 선생님께 복도에서 큰소리로 혼나는 걸 보게 되
었어요.

담임 선생님   야! 똑바로 서! 다리 삐딱하게 서지 말고, 똑
                바로 서!

남학생   (위에서 선생님을 내려보면서 바라보며) 선생님 키
                높이에 맞추려고 그런 거거든요.(키득키득)

담임 선생님   야, 장난해? 웃지 말고…! 우리 반 여학생
                친구들에게 뚱뚱하고 못생겼다는 말로 상
                처 주지 말라고 했어, 안 했어? 내가 지난번
                부터 하지 말라고 했는데 왜 자꾸 해서 여자
                애들 울리고 그래 응? (화가 잔뜩 난 선생님은 급
                기야 목소리가 온 복도를 울리고 있었고, 지나가는 선생
                님과 학생들이 쳐다보면서 지나갑니다.)

남학생   (아무 말 없이… 사람들이 자꾸 쳐다보는 것을 알고는
                더 선생님을 노려보며)

담임 선생님   내일 부모님 모시고 와, 알았지? 너는 말로
                해서는 안 되는 놈이야! 이번에는 꼭 엄마나
                아빠 모시고 와. 지난번처럼 바빠서 못 오신

다는 거 안 봐줄 거야. 그냥 안 넘어 갈 거니까. 알았지?!

남학생 (작은 목소리로 키득키득 웃으며) 네에.(건성으로 대답하고는 교실로 뛰어갑니다.)

담임 선생님 (가슴을 치며) 저 녀석 때문에 너무 힘들어!

"

질문 위 사례 말장난이 심한 남학생과 여자 담임 선생님의 대화를 읽고 느낀 점이 있다면?

"

수업 시작종이 울려 교실에 들어가자 여학생과 남학생이 나누는 대화가 들렸어요. "복도에서 ○○선생님 화내시는데 너무 무섭더라.", "난 남자애랑 선생님이 싸움날 것 같아 무서웠어."

그냥 바라보기만 해도 폭력 대화는 무섭습니다.

부모님 입장이 되어 생각해 볼게요. "어머님, ○○가 학교에서 여학생들에게 '못생겼다, 뚱뚱하다.'라는 말장난을 심하게 해서 여학생들이 많이 울었어요. 학업에도 방해가 되었고요. 내일 학교에 좀 나오셔야겠어요."라는 전화를 받은 부모님의 마음은 어떨까요?

"우리 아이는 그럴 아이가 아닌데… 집에서는 조용히 책상에만 앉아 있는 아들인데…."라고 엄마들이 많이 얘기들 하시지요.

평소 화와 분노가 많이 차 있는 여학생이 욕설을 많이 섞어 표현하는 것을 보았어요. "지금 하는 말투는 가족 중 누구를 많이 닮았어요?" 하고 물어본 적이 있었어요. 그 여학생은 당당하게 "엄마랑 말투와 행동이 똑같다고 아빠가 항상 말해요."라며 자랑스럽게 말하더군요. 평상시 엄마의 말과 행동을 보고 배운 대로 생활한다는 것을 알게 되었어요.

청소년들은 부모님을 비롯해서 선생님들, 주변 사람들의 거울이라는 말, 다들 알고 있나요? 청소년들의 비상식적인 행동은 부모님 그리고 가까이에 있는 친구들과 선생님을 따라 하는 경우가 많습니다.

학교에서 강의할 때마다 드는 느낌은 '선생님들도 많이 지쳐 계시다는 걸' 직접 보면서 알게 되었어요. 선생님의 권위는 무너진 지 오래

되었고, 학교에서 일어나는 교우 관계나 업무에 관해서 학교에 찾아와 선생님께 삿대질을 하는 부모님들 때문에 선생님들은 학교를 옮기시거나 그만두는 경우가 생긴다는 서글픈 현실입니다.

학교에서 문제를 일으키는 학생과 지쳐있는 선생님을 위한 전문 상담 선생님이 계시면 얼마나 좋을까요? 학생과 선생님도 위로와 공감을 통해 존중받고 싶은 건 같을텐데… 학교 내에 학생과 선생님 더 나아가 부모님의 공감 대화를 나눠 주실 상담 선생님의 역할이 중요한 때입니다.

내가 화가 나 있을 때는 나쁜 감정이 아직 있기에 조금 더 시간을 두고 대화해야 합니다. 특히 어른들이 약자인 아이들에게 화풀이를 하는 경우, 혹은 덩치가 큰 친구가 약한 친구에게 화풀이를 하는 건 자칼의 행동이라는 것을 절대 잊지 마세요. 약한 사람을 보호해 주는 마음이 비폭력 단어의 '연민'이라는 것을 잊지 말아 주세요.

화가 났을 때는 "후…!" 하고 깊은 숨을 세 번 이상 쉽니다. '사람이 미운 게 아니고 그 말과 행동이 나쁘다'는 것을 인식합니다. 그래도 화가 나면 대화를 시작하면 안 됩니다. 화가 나면 엉뚱한 곳에 화풀이를 할 수 있기 때문입니다.

혼자서 써 봅니다.
내면에서 어떤 고민을 하고 있는지 알고 내 행동이나 말은 어떠했는지 관찰해 봅니다. 쓰고 난 후 공개하고 싶은 친구만 발표를 합니다.

질문 1 최근에 내가 '화, 두려움, 고민스러운, 괴로운, 황당한, 분한, 질투 나는, 거리감이 생기는, 기분 상한, 불편한' 것 중에 유난히 해당되는 것이 있다면?

질문 2 그 단어를 선택한 이유는 무엇인가요?

질문3 나는 위에서 고른 난처한 상황에서 무엇을 말하고 싶었나요?

3

"보이는 게 다가 아니에요"

part 12

나를 먼저 관찰 후 상대방을 관찰해요

"비 폭력 대화의 1단계는 '관찰'입니다. 관찰의 반대는 '평가(해석)'입니다. 평가는 상대방을 보고 '잘했다, 못했다. 가치가 있다, 가치가 없다.'라는 것처럼 말하게 되어 상대방이 비판으로 받아들이기 쉽습니다. 평가가 아닌 '있는 그대로를 바라보는 것'이 관찰입니다."

"무엇을 관찰해야 할까요?",

학생들   "자기 자신이요.", "아니요, 다른 사람이요."

"중요한 건 나 자신의 관찰이 먼저에요. 여러분은 화가 나 있거나 분노에 차 있을 때 친구나 부모님, 선생님 이야기를 잘 들을 수 없어요. 그럴 땐 내가 무엇 때문에 화가 났는지를 먼저 이해해야 상대방의 이야기를 진정으로 들어줄 수 있어요."

자기 자신이 평화롭고 안정적인 방법을 알아두면 빨리 편안해질 수 있게 돼요. 내가 왜 화가나 있는지 분노에 차 있는지 화의 원인도 금방 알게 되지요. 사람은 저마다 처한 상황이 달라 필요한 게 다르니까요.

"눈을 감고 현재 나의 머리, 가슴, 배를 관찰해 봅니다. 어디가 아프거나 신경 쓰이는 일이 있는지 떠올려 봅니다. 머리가 아프다는 느낌이 들면 머리를 많이 쓰는 사람이구요, 가슴이 아프면 다른 사람을 생각하는 사람, 배짱 두둑하게 추진하는 사람은 배가 아프대요."

"아침에 집에서 있었던 일, 학교 도착해서 있었던 일 중 나의 마음을 괴롭힌 일이 있는지 눈을 감고 내 마음을 들여다보세요. 어딘가 아픈 게 느껴지나요?"

질문 잠시 눈을 감고 내 마음을 들여다 봅니다. 머리, 가슴, 배 중 아프거나 신경 쓰이는 일이 떠오르면 상세하게 적어 봅니다. (발표하지 않아도 됩니다.)

"지금 괜찮아?"

"아까 많이 속상했어?"(하고 자신에게 말해주세요.)

자기 자신에게 먼저 물어야 상대방과 진실된 대화를 나눌 수 있습니다.

"비폭력 대화에서 관찰이 중요한 것은 자신이 피곤한지, 화가 나 있지는 않은지, 상대방과의 대화를 할 수 있는지 자신을 먼저 돌아보아야 해요. 대화에서 상대방 관찰이 중요하다고 해서 매일 남에게서 불편한 것만 찾아내는 사람들이 있습니다. 그건 진정 잘못된 대화입니다."

대화를 하려는 내가 먼저 준비되어 있어야 진정한 대화가 이루어집니다. 내가 화가 나 있다면 상대방 관찰을 아무리 잘해도 화는 전달되기 때문입니다. 내가 대화하기 좋은 상태일 때 상대방을 있는 그대로 관찰한 후에 원하는 필요(욕구)를 말해야 진정한 평화의 길에 이르게 됩니다.

> "내 마음이 평화로워 졌을 때 나와 더불어 내 가족들과
> 내 주변 사람들을 있는 그대로 관찰 해 보아요."

집이나 학교에서 내가 가장 정신적으로나 육체적으로 안정되어 있다면 모두의 대화를 들어줄 수 있는 준비된 사람입니다.

2015년 4월 '대한신경정신의학회'에서 일반인을 대상으로 한 발표 자료에 따르면, 전체 대상자 중 3분의 1 정도가 우울증과 불안장애가 의심되고, 11%는 분노조절장애가 의심돼 전문가 상담이 필요하다고 나왔습니다. 삶을 건강하게 살아가고 싶은데 우울증, 분노조절장애, 스트레스 수치가 높으면 부정적인 영향을 주기 때문에 가정에서 부모가 화를 내는 이유를 들어주는 사람이 필요합니다.

부모님과 선생님이 먼저 심리적 안정, 육체적 안정이 되어 있어야 청소년도 심리적, 육체적으로 안정되기 쉽습니다. 모두가 힘을 합해야 심리적 안정과 육체적 안정을 더 빨리 찾고 평화로운 삶을 누릴 수 있겠지요!

전국에는 비폭력 대화를 통해 '심리 치유를 도와주시는 분'들과 전문적으로 대화를 나눠주는 '코치*'들이 여러분들의 이야기를 들어주려고 기다리고 있습니다. 마음속 대화를 나누고 싶으신 분들은 부탁해 보면 좋겠습니다.

한국코치협회 : http://www.kcoach.or.kr/

한국NVC센터 : https://www.krnvc.org:5009/

건강가정지원센터 : http://www.familynet.or.kr/

모두가 힘을 합해야 건강하고 행복한 가정, 행복한 학교, 행복한 세상이 됩니다.

"코칭은 개인과 조직이 잠재력을 극대화하여
최상의 가치를 실현 할 수 있도록
돕는 수평적 파트너십이다."

- 한국코치협회(KCA), 코칭의 정의

* 코치 : 개인 생활이나 학교, 직장 등에서 겪고 있는 어려움을 스스로 깨닫고 해결할 수 있도록 도와주는 사람

part 13

자세히 보아야 실수하지 않아요

"**관**찰의 반대는 '판단'(평가 및 부정적 해석 포함)이에요. 상대방의 진심이 아닌 내가 생각대로 마음을 쓰는 것을 판단이라고 해요. 내가 판단하고 결정 내리는 것을 평가라고 합니다."

아래 사례를 들으면서 관찰과 판단을 구분해 보도록 합니다.

친구 두 명이 나와서 역할극을 합니다.

다음은 엄마와 딸의 아침 풍경 중 판단에 들어갈 사례입니다.

판단 사례

엄마와 딸의 아침 풍경

(머리를 고데기로 말았다가 풀었다가를 반복하는 딸을 모습을 보고)

엄마   딸…! 제발 꾸물거리지 말고 학교 좀 빨리 가….

딸   다 했어. 지금 학교 갈 거야.

여러분이 보기에 엄마의 마음과 딸아이의 마음이 자세히 보이나요? 다음은 엄마와 딸의 아침 풍경 중 속마음을 알 수 있는 관찰 사례입니다.

엄마와 딸의 아침 풍경
(머리를 고데기로 말았다가 풀었다가를 반복하는 딸을 모습을 보고)

엄마   딸… 고데기로 머리를 풀었다 말았다 하네. 엄마는 딸이 학교에 지각할 것 같아 걱정이 돼.

딸   거의 다 했어요. 곧 학교 갈게요.

있는 그대로 보이는 것을 말하는 것을 관찰이라고 하고, 내 감정을 넣어 평가하는 말은 비폭력 대화에서는 반대 개념입니다.

엄마와 딸의 대화에서 관찰 부분과 판단 부분을 찾아볼게요.

엄마 : 고데기로 머리를 풀었다 말았다 하는 군요. ← 관찰

엄마 : 제발 꾸물거리지 말고 ← 판단

관찰은 내 눈으로 직접 보는 것만을 말해야 합니다.

중학생 딸아이가 감기에 걸려서 학교 마치고 병원에 같이 가자고 했어요. 일을 하는 엄마이기에 하던 업무를 멈추고 서둘러서 오후 5시 약속 장소에 겨우 도착했어요. 딸아이가 보이지 않아 전화를 했더니 딸아이의 휴대전화기는 꺼져 있었어요. 30분을 기다리니 딸아이가 뛰어 왔어요.

이때 관찰과 평가를 쉽게 구분해 봅니다.

엄마 관찰 : (예) 딸아이가 약속 시간 30분이 지나서 달려오고 있다.

VS

엄마 판단 : (예) 전화기는 꺼 놓고 어디서 뭐 하느라 이제서야 달려오는 거야?”

해석하거나 평가해서 화난 감정을 넣지 않고 ‘있는 그대로 보는 게’ 관찰입니다. 아이가 늦은 데에는 그만한 이유가 있고 전화를 못 한 이유도 들어보면 충분히 이해가 됩니다.

딸아이 　(헐레벌떡 뛰어오며) 어젯밤 충전을 안 해서 휴대전
　　　　화기 배터리가 나갔구요, 담임 선생님께서 반
　　　　아이들 장난이 심해서 전체 집합 교육받느라 30
　　　　분 늦게 마쳤어요. 늦어서 죄송해요.
엄마 　　약속 시간이 30분 지났는데도 오지도 않고 휴대
　　　　전화기도 안 받아서 걱정했잖아요.
딸아이 　걱정 끼쳐 죄송해요. 엄마 병원문 닫기 전에 얼
　　　　른 병원 가요.(웃음)

　사실을 있는 그대로 솔직하게 말하는데 화를 낼 필요는 없습니
다. 평가나 부정적인 해석을 하면 관계가 나빠집니다. 비폭력 대화
에서는 상대방이 왜 그 행동과 말을 하는지 자세히 들여다보는 '관
찰'이 매우 중요합니다.

자세히 보아야 예쁘다.
오래 보아야 사랑스럽다.
너도 그렇다.

- 나태주 시인 〈풀꽃〉 중에서

다음 사례는 비폭력 대화를 배운 엄마의 사례입니다.

사례3 일을 마치고 늦게 퇴근한 엄마는 아들이 동생 방에서 노트북을 들고 나오는 것을 보았어요. 아들의 얼굴을 자세히 바라보았어요. 당황한 기색이 하나도 없네요. "다녀오셨어요?"라고 말하는 아들의 얼굴엔 당당함이 가득하네요. 엄마는 아무 말 하지 않고 아들과 노트북을 번갈아 봤어요.

엄마 (마음속으로 게임한다고 '판단'하면 안 돼, 관찰하자) 지금 노트북 가지고 뭐하고 있었어요? (관찰+질문)

아들 내일까지 과학 수행 발표가 있어서 발표 자료 만들었어요. 발표 자료 한 번 보실래요? (하고는 당당하게 노트북을 들고 엄마에게 다가옵니다.)

아들이 노트북을 가지고 웹툰이나 게임하는 것을 본 적이 있습니다. 그러면 어른들은 '얘가 또 게임이나 웹툰을 보고 있었네.' 하고 판단이나 부정적 해석을 하게 됩니다. 그러면 불호령이 떨어지죠. "너 이 시간까지 게임하고 있었어? 뭐가 되려고 그러니?" 하고 평가하고 비판하게 되면 청소년들의 영혼에 큰 상처를 주게 됩니다.

    다행히 비폭력 대화를 배우고 실천해서 아들이 노트북을 가지고 있어도 화를 내기보다는 있는 그대로의 아들의 모습을 표현함으로써 노트북으로 과학 수행평가 자료 준비 중이었다는 진실을 알게 되니 가정이 평화로워졌습니다.

        "물어 보아야 진실을 알 수 있지요.
        눈에 보이는 것이 다가 아닙니다."

    가까이 내 주변에 있는 사람들을 있는 그대로 보아주면 관계가 좋아집니다. 그 반대로 비판하거나 평가를 하게 되면 마음에 저항감이 생기기 쉽습니다. 저항은 결국 거친 대화로 이어질 수 있기에 서로 조심해야 합니다.

part 14

부정적으로 나와 상대방을 해석(판단)하면 마음을 다쳐요

친구 A   (친구A가 C에게 다가와) "친구야, 나랑 얘기 좀 하자." 하고
         는 (조금 멀리 가서 뭐라고 속닥속닥 합니다.)

친구 B   '쟤는 나를 싫어하나?' 멀리 떨어져서 대화하는 거 보
         니까 내 흉을 보는 걸까?'

상대방을 바라볼 때 부정적인 해석을 하지 않고 판단(평가)이나
분석이 아닌 있는 그대로를 보는 것이 중요해요. 그리고 행동이나
말에서 궁금한 것은 물어보고 들어 봐야 진실을 알 수 있게 됩니다.

딸   엄마는 아들만 좋아해! 그래서 나만 매일 미워하고….

아들   아빠는 딸만 좋아해! 혼낼 때 나만 더 심하게 혼내
       고….

주변에서 자주 듣는 청소년들의 말입니다. 사실은 아들이라서,

딸이라서 미워하거나 혼내진 않습니다. 혼을 낼 때는 그만한 이유가 있어서 혼을 내는 것이지 딸이라서, 아들이라서 혼낸다고 생각하고 판단하는 것입니다.

머리를 유난히 잘 쓰는 유형이 있습니다. 척 보면 틀린 것을 알아내고 상대방을 빠르게 진단하는 사람들은 머리는 좋을지라도 그것이 사실이 아닐 수 있다는 것을 항상 염두에 두어야 합니다. 내가 아는 것이 모두 정답이라고 우기고 말하는 순간 갈등이 시작됩니다.

모든 사람은 자신만의 해답을 지니고 있습니다.

위에 있는 그림을 보았을 때 똑같은 그림을 봐도 다르게 느낄 수 있고, 다르게 표현할 수 있습니다. 같은 말을 들어도 듣는 사람이 처한 상황에서는 다르게 해석하고 들을 수 있으므로 진심이 무엇인지 모를 때는 무슨 의미인지 물어보아야 오해가 일어나지 않습니다.

상대방의 진심을 들으려면 마음을 다해 귀 기울이고 상대방의 감정을 관찰하며 들어야 해요. 상대방이 저 말을 왜 하고 있는지, 위로받고 싶은지 아니면 이해해 달라고 하는지, 존중받고 싶은지 알아 차려야 합니다. 잘 모를 땐 깊은 의미를 듣기 위해 질문을 해봅니다.

> **질문1** 지금 하신 말씀이 무슨 의미(뜻)인가요? 또는
> 지금 한 말이 무슨 뜻이야?
>
>
> **질문2** 저한테 하신 행동은 어떤 의미(뜻)인가요? 또는
> 지금 나한테 그렇게 행동한 건 무슨 뜻이야?

☆ 중요 포인트 ☆

　상대방의 불편한 행동이나 눈빛을 부정으로 해석하지 말아 주세요. 예를 들면 '저 선생님은 나를 싫어해. 나는 못생겼어. 저 친구는 매일 나를 째려봐…' 이 모든 것은 사실이 아니에요! 이건 내 마음이 마음대로 결정한 판단인 거죠!

　비폭력 대화에선 이 부분이 매우 중요해요. 부정적으로 나와 상대방을 바라보지 않는 게 매우 중요해요. 상대방은 다른 생각을 하면서 말하거나 인상 쓰며 짜증을 낼 수도 있는데 그것을 나 때문이라고 지레짐작하면 마음이 많이 힘들어하게 되니까요.

　'있는 그대로를 보고 말하는 것' 그것이 마음을 다치지 않게 하는 비법, 즉 '관찰'입니다.

part 15

우리 가족의 모습을 그림으로 관찰해요

부 모 교육이나 코칭 및 상담을 하다 보면 부모님들은 자녀가 생각하는 자신의 모습을 '순한 양', '예쁜 사슴'으로 자신은 좋은 부모, 훌륭한 부모라고 표현합니다. 그래서 같은 학교 학생들에게 "지금 함께 살고 있는 가족들의 모습을 그림으로 관찰해서 숙제로 해 오세요." 하고 그다음 주에 과제 검사를 해보면 부모님을 긍정적으로 표현한 학생들이 의외로 적습니다.

부모님을 순한 양보다는 호랑이, 무서운 고슴도치 등 다소 거친 부모님으로 표현한 학생들이 많았고 급기야 온 가족이 거친 말을 써서 모두 자칼로 이루어진 가족들도 있어서 엄청 놀란 기억이 납니다.

엄마들이 순한 양이라고 표현한 분들이 많은 학년에 들어가서 학생들에게 "엄마, 아빠를 관찰하면 느껴지는 동물이 있나요?" 하고 물으면 학생들은 부모님을 '사자, 호랑이'로 느끼고 있는 경우가 많다는 것을 부모님들은 아시나요? 청소년기에는 청소년도 예민하고, 예민한 자녀를 키우는 부모님들도 예민합니다.

  그럼 우리도 한 번 자신과 가족을 관찰해 볼까요?
  먼저 자신을 관찰하고 난 뒤 가족들을 관찰합니다. 저를 관찰한
것을 예로 들어주겠습니다. 샘플을 보고 한 번 작성해 보세요. 자
신의 이름을 적고 나서, 나를 생각하면 떠오르는 상징 동물을 적은
다음 이미지를 그리고 그 이유를 적습니다. 그다음 가족들의 이름
을 적고 떠오르는 상징 동물과 그 이유를 적습니다. 가족이 함께 해
보고 대화를 나눠 보면 상대방이 나를 이렇게 느끼고 있다는 것을
알게 되고 말과 행동의 변화가 필요한지 아닌지를 알 수 있게 됩니
다.

샘플	나와 가족을 상징하는 동물과 그 이유를 적어 보세요.
나의 이름 : 이 코치	상징 동물 : 순한 곰 그 이유 : 가족들을 열심히 보살펴 주고 따스하게 품어주니까.

현재 함께 살고 있는 가족	가족을 상징하는 동물과 그 이유를 적어 보세요.
나의 이름 :	상징 동물 : 그 이유 :
가족 이름 :	상징 동물 : 그 이유 :
가족 이름 :	상징 동물 : 그 이유 :
가족 이름 :	상징 동물 : 그 이유 :

> **예** 남학생이 콧구멍을 파면서 책을 읽고 있었다. ((관찰) I 판단)
>
> **예** ○○이는 대게 더럽다. (관찰 I (판단))

다음 문장을 읽고 관찰인지 판단(평가)인지 해당되는 곳에 동그라미 해 보세요.

① ○○이는 발표를 위해 손을 자주 든다. (관찰 I 판단)

② 친구들은 나를 굉장히 싫어한다. (관찰 I 판단)

③ 머리가 긴 여학생이 머리를 예쁘게 땋고 왔다. (관찰 I 판단)

④ 부모님은 맨날 화만 내신다. (관찰 I 판단)

⑤ 선생님은 우리 반 친구들에게 '사랑의 하트'를 날려 주셨다.
(관찰 I 판단)

4

상대방의 말과 행동을 보고 드는 느낌은?

part **16**

느낌 아니까!

"**무**" 더운 초여름 1교시 체육 시간에 운동장을 세 바퀴를 돌고 줄넘기를 해서 기진맥진한 채 교실에 들어 왔어요. 친구가 물을 싸 가지고 왔다며 컵에 따라 주었어요. 급한 마음에 벌컥벌컥 마셨더니 '뜨끈뜨끈한 물'이었어요. 평소 집에서 '시원한 냉수'만 찾던 나는 어땠을까요?"

학생들   "엄청 화나요.", "마음이 심란해요.", "나를 골탕 먹이는 것 같아서… 화날 것 같아요.", "난 뜨끈뜨끈한 물이라도 주면 고마울 것 같아요.(웃음)"

"그럼 조금 전 상황에서 하나만 바꿔볼게요. 같이 운동장 돌고 줄넘기하고 교실에 들어왔더니 친구가 싸 온 '시원한 얼음물'을 한 잔 주며 "시원한 물 마실래?" 하고 건네 준다면 어떨까요?"

학생들   "기분 좋아요.", "엄청 고마워요….."

"비폭력 대화의 2단계는 '느낌'입니다. 마셜 박사는 상대방과의 대화와 행동을 통해 생기는 '자극으로 말미암아 몸에서 일어나는 반응과 감각'을 '느낌'이라고 합니다. 상대방이 하는 자극(말과 행동)이 나에게 반응(좋거나 나쁘게 흥분하게 하는 것)이 생겼을 때 욕구(필요로 하는 것)가 마음에 들거나 들지 않은 것에 따라 다르게 나타나는 것이 느낌입니다. 느낌의 반대는 '생각'입니다. '생각'은 사실이 아니고 머리가 지어낸 것을 해석한 허상(거짓의 모습)입니다. 지금 고통 속에 있다면 그 일이 사실인지 아닌지 잘 관찰해 볼 필요가 있습니다."

내가 원하는 것을 상대방이 알고 말과 행동을 해주면 긍정적인 느낌의 단어가 생깁니다. 내가 원하지 않은 행동이나 말이 오가게 되면 부정적인 느낌을 갖게 됩니다. 느낌은 '생각'과 구분해야 해요.

생각을 통해 부정적 평가 및 해석을 하면 마음 건강, 정신 건강에 이로울 게 없습니다.

아래는 다른 사람의 반응과 태도에 대해 내가 해석하거나 생각하는 단어들입니다.

생각을 표현하는 단어			
갇힌	방해받는	오해받는	강요당한
배신당한	위협받는	거절당한	버림받은
의심받은	공격당한	사기당한	이용당한
속박된	선동당한	궁지에 몰린	불신받은
조종당한	놀림당한	압력을 받은	압박받은
학대받은	따돌려진	무시당한	협박받은
인정받지 못한	지지받지 못한	당연하게 여겨진	

출처: 《비폭력 대화》

마셜 박사가 정리한 느낌과 생각 구별법을 살펴보면 "~한다고, ~와 같이, 마치 ~처럼, 나는, 너는, 그 남자는, 그 여자는, 그들은, 그 것은, 사람을 가리키는 명사나 이름을 넣어 사용하면서 '느낀다'고 말하면 잘못된 표현법이고 '생각한다'로 바꿔 사용해야 맞는 표현법"입니다.

위 글을 생각 표현법으로 구체적으로 바꿔 보면 **"너는 매일 공부를 13시간씩 하니까 내 생각에는 마치 공부벌레 같아."** 자신의 관찰을 바탕으로 생각을 표현한 것입니다.

내가 다른 사람들의 반응과 태도에 대해 느낌인지 생각인지 해석인지 구별할 수 있어야 갈등이 줄어듭니다. 잘못되고, 부정적이고, 왜곡된 생각을 많이 하면 관계가 뒤엉키고 서로에게 상처를 주거나 받게 됩니다.

126

퀴즈
풀기

아래 퀴즈가 '느낌' 단어인지 '생각'(평가, 해석) 단어인지 맞춰 보세요.

① 네가 전학을 간다니 슬프다. (느낌 ㅣ 생각)

② 엄마가 큰 소리로 화내시면 무서워요. (느낌 ㅣ 생각)

③ 대답을 했는데 인정해 주지 않으면 무시당하는 것처럼 느껴져요. (느낌 ㅣ 생각)

④ 나는 필요 없는 사람 같아요. (느낌 ㅣ 생각)

정답 : ①느낌 ②느낌 ③생각 ④생각

part 17

좋은 느낌은 마음이 편안해져요

친 구나 가족, 선생님 그리고 이웃을 만날 때 좋은 느낌 단어를 말해 주면 인간관계가 한결 편해지고 마음이 평화로워집니다. 일상에서 내가 원하는 것을 누군가가 해줄 때 좋은 느낌 단어를 가지고 질문과 답변으로 대화해야 합니다.

자신의 느낌을 표현하는 연습을 해야 일상에서 적용하기 쉽습니다. 좋은 느낌 단어는 몸과 마음을 편안하게 해 줍니다.

다음 장에는 9가지로 구분된 좋은 느낌의 단어들이 있습니다. 각각 질문을 듣고 위에 있는 예문 단어를 넣어 '나라면 이렇게 답변한다'고 말하거나 적어 주세요.

Ⅰ. '감사/감동/감탄'에 나오는 단어들을 먼저 읽어 보고 난 다음 아래 '① 나에게 질문'에서 '나의 입장이라면 이런 느낌이겠구나!'를 답변에 적습니다.

감사/감동/ 감탄	가슴 뭉클한, 감격한, 감동하는, 감사하는, 경이로운, 고마운(기분 좋은 일), 깜짝 놀라는, 놀라는, 신기한, 찡한

① [나에게 질문] 내 생일날 정성스럽게 꾸미고 쓴 손 편지와 선물이 침대 머리맡에 있을 때 내 느낌을 표현한다면?

답변

Ⅱ. '고양된/흥분된'에 나오는 단어들을 먼저 읽어 보고 난 다음 아래 '나에게 질문'에서 '나의 입장이라면 이런 느낌이겠구나!'를 답변에 적습니다.

고양된/ 흥분된	기쁨에 넘치는, 들뜬, 뛸 듯이 기쁜, 벅찬, 설레는, 야릇한, 열정을 느끼는, 흥분되는, 환희에 찬, 신나는, 열렬한, 우쭐한, 자극받는, 짜릿한, 통쾌한

② **[나에게 질문]** 처음으로 친한 친구와 둘이서 쇼핑몰에 옷을 사러 내일 같이 가기로 했을 때 내 느낌을 표현한다면?

답변

Ⅲ. '사랑스러운/자비심'에 나오는 단어들을 먼저 읽어 보고 난 다음 아래 '나에게 질문'에서 '나의 입장이라면 이런 느낌이겠구나!'를 답변에 적습니다.

사랑스러운/ 자비심	다정한, 따뜻한, 마음이 끌리는, 마음이 열리는, 마음이 통하는, 부드러워지는, 사랑을 느끼는, 애정을 느끼는, 애착이 가는, 애뜻한, 온화한, 자비심, 푸근한, 친근한

③ **[나에게 질문]** 여자 친구와 만난 지 어느덧 100일이 다가왔어요. 남자인 내가 용돈 모아서 당당하게 100일 반지를 샀어요. 여자 친구 손가락에 반지를 끼워 주고 나서 드는 내 느낌을 표현한다면?

답변

Ⅳ. '안도감/차분한/평화로움'에 나오는 단어들을 먼저 읽어 보고 난 다음 아래 '나에게 질문'에서 '나의 입장이라면 이런 느낌이겠구나!'를 답변에 적습니다.

안도감/ 차분한/ 평화로움	고요하게, 가라앉은, 긴장이 풀린, 마음이 놓이는, 맑은, 안심되는, 안정된, 이완된, 잔잔한, 중심을 잡은, 진정된, 차분해진, 충만한, 편안한, 평온한, 평정한, 평화로운, 한가로운

④ [나에게 질문] 체험 학습을 간 동생이 집에 올 시간이 지났는데도 오질 않았어요. 온 식구가 고민을 한참하고 있을 때 동생이 현관문을 열고 들어올 때 드는 내 느낌을 표현하자면?

답변

Ⅴ. '유쾌한/즐거움/만족/행복'에 나오는 단어들을 먼저 읽어 보고 난 다음 아래 '나에게 질문'에서 '나의 입장이라면 이런 느낌이겠구나!'를 답변에 적습니다.

유쾌한/ 즐거움/만족/ 행복	기분 좋은, 기쁜, 만족하는, 명랑한, 반가운, 상쾌한, 여한이 없는, 유쾌한, 재미있는, 좋은, 즐거운, 즐기는, 충족된, 행복한, 흐뭇한, 흔쾌한, 흥겨워하는, 흥이 난

⑤ **[나에게 질문]** 생일날 학교에 가니 친한 친구가 "생일 축하해!"라며 캐리커처(caricature)를 그려 왔을 때 내 느낌을 표현한다면?

`답변`

VI. '자부심/자신감'에 나오는 단어들을 먼저 읽어 보고 난 다음 아래 '나에게 질문'에서 '나의 입장이라면 이런 느낌이겠구나!'를 답변에 적습니다.

자부심/ 자신감	긍지를 느끼는, 당당한, 뿌듯한, 의기양양한, 자랑스러운, 자부심을 느끼는, 자신 있는, 자신만만한, 확고한, 확신하는

⑥ **[나에게 질문]** 학교에서 하는 과학경진대회에 나가서 금상을 받았어요. 내 느낌을 표현한다면?

`답변`

Ⅶ. '활력/회복'에 나오는 단어들을 먼저 읽어 보고 난 다음 아래 '나에게 질문'에서 '나의 입장이라면 이런 느낌이겠구나!'를 답변에 적습니다.

활력/회복	기운찬, 기운이 나는, 되살아난, 발랄한, 살아 있는, 상쾌한, 생생한, 신선한, 열의가 생기는, 원기 왕성한, 쾌활한, 회복된, 힘이 넘치는, 힘찬

㉠ **[나에게 질문]** 감기에 걸려 머리가 아프고 밤새 열이 올랐다가 내렸다가 해서 잠을 거의 못 잤어요. 늦은 밤까지 엄마가 머리에 물수건을 올려 주시고 해열제와 감기약도 먹여 주셔서인지 아침에는 열이 내려갔어요. 이럴 때 드는 내 느낌을 표현한다면?

`답변`

Ⅷ. '흥미/몰입'에 나오는 단어들을 먼저 읽어 보고 난 다음 아래 '나에게 질문'에서 '나의 입장이라면 이런 느낌이겠구나!'를 답변에 적습니다.

흥미/몰입	관심이 가는, 궁금한, 넋이 나간, 매료된, 열렬한, 열심인, 열중하는, 재미있는, 호기심이 있는

⑧ **[나에게 질문]** 내가 너무 좋아하는 연예인이 방송에 나와서 윙크를 해 주었어요. 이를 본 내 느낌을 표현하자면?

답변

Ⅸ. '희망'에 나오는 단어들을 먼저 읽어 보고 난 다음 아래 '나에게 질문'에서 '나의 입장이라면 이런 느낌이겠구나!'를 답변에 적습니다.

희망	기대하는, 기운을 내는, 낙관하는, 자신감을 얻는, 희망을 느끼는

⑨ **[나에게 질문]** 학교에서 조용하지만 자기 할 일을 성실히 하는 반 여학생에게 반해서 용기를 내어 "우리 친하게 지낼래?" 하고 쪽지를 써서 책상에 넣어 놨어요. 이럴 때 내 느낌을 표현한다면?

답변

누군가가 시간과 노력을 들여 무엇인가를 준비해 주었을 때 "뭘 이런 걸 다.", "이게 다니?", "이걸 그림이라고 그렸니?"라는 부정적 표현을 쓰면 상대방의 마음을 다치게 합니다. 받은 물건이나 선물이 마음에 들지 않더라도 상대방의 성의를 먼저 읽고 고마워하는 게 우선되어야 인간관계가 좋아집니다.

비폭력 대화에서 느낌 단어를 충분히 익혀 두면 갈등이 생길 때
느낌인지 판단인지 알 수 있게 됩니다.

학생들이 1번에서 9번까지 쓴 좋은 느낌 단어를 표현한 답변들을 정리해 보았습니다. 앞 질문에 답이 떠오르지 않을 땐 참고하세요.

① 질문 내 생일날 정성스럽게 꾸미고 쓴 손 편지와 선물이 침대 머리맡에 있을 때 내 느낌을 표현한다면?

답변 엄마, 아빠… 고마워요!
생일날 정성스러운 손 편지와 선물 감동이야!
가슴이 **뭉클**해!

- 15세 남학생

②질문 처음으로 친한 친구와 둘이서 쇼핑몰에 옷을 사러 내일 같이 가기로 했을 때 내 느낌을 표현한다면?

답변 생각만 해도 엄청 **설레**고 신나요. 어떤 옷들이 있을까 궁금하기도 하고… 처음 옷 사러 친구랑 가는 것이라서 내일이 **기대**돼요.

-15세 여중생

③질문 여자 친구와 만난 지 어느덧 100일이 다가왔어요. 남자인 내가 용돈 모아서 당당하게 100일 반지를 샀어요. 여자 친구 손가락에 반지를 끼워 주고 나서 드는 내 느낌을 표현한다면?

답변 아우, 야릇해요! 반지를 직접 준비해서 어깨에 힘이 들어가서 우쭐해요. 신 나고 뛸 듯이 **기쁘**겠지요. 애정이 느껴져요.

-16세 남학생

④질문 체험 학습을 간 동생이 집에 올 시간이 지났는데도 오질 않았어요. 온 식구가 고민을 한참하고 있을 때 동생이 현관문을 열고 들어올 때 드는 내 느낌을 표현한다면?

답변 **다행**이다. 이제야 마음이 놓인다. -18세 남학생

⑤질문 생일날 학교에 가니 친한 친구가 "생일 축하해!"라며 캐리커처(caricature)를 그려 왔을 때 내 느낌을 표현한다면?

답변 와, 긴 시간 나를 생각하며 캐리커처를 그려 온 거야? **고마워, 감동**이야! 정말 **고마워, 행복**해.

-18세 여학생

136

⑥ 질문 학교에서 하는 과학경진대회에 나가서 금상을 받았어요. 내 느낌을 표현한다면?

답변 그동안 과학 공부 열심히 하고 대회 준비한다고 애쓴 것에 긍지를 느껴요. **뿌듯**하고 **자부심**이 느껴져요.   -15세 남학생

---

⑦ 질문 감기에 걸려 머리가 아프고 밤새 열이 올랐다가 내렸다가 해서 잠을 거의 못 잤어요. 늦은 밤까지 엄마가 머리에 물수건을 올려주시고 해열제와 감기약도 먹여 주셔서인지 아침에는 열이 내려갔어요. 이럴 때 드는 내 느낌을 표현한다면?

답변 평소에는 툴툴대지만 아플 때는 역시 엄마밖에 없는 것 같아요. 기운이 나고 되살아나서 마음이 **편안**해져요.   -19세 남학생

---

⑧ 질문 내가 너무 좋아하는 연예인이 방송에 나와서 윙크를 해 주었어요. 이를 본 내 느낌을 표현한다면?

답변 꺄아! 너무 **좋아**요. 반해서 **넋이 나갈 것** 같아요.
          -16세 여중생

---

⑨ 질문 학교에서 조용하지만 자기 할 일을 성실히 하는 반 여학생에게 반해서 용기를 내어 "우리 친하게 지낼래?" 하고 쪽지를 써서 책상에 넣어 놨어요. 이럴 때 내 느낌을 표현한다면?

답변 엄청 설레요. **희망**을 품고 기다려 봅니다.
          -15세 남학생

소풍, 여행, 연애 등 사람을 만나고 함께하는 시간은 설렘과 기쁨으로 가득합니다. 따스하고 긍정적인 느낌을 주는 사람들, 친구들과 함께할 때 사람들은 미소로 응답합니다.

누군가가 내가 원하는 것(욕구)을 말해 주거나 행동으로 해 주었을 때 좋은 느낌(내가 원하는 상태-긍정적인 느낌)을 잘 알아차려야 마음이 편안해진답니다.

치킨과 피자가 유난히 먹고 싶은 밤

엄마   저녁을 가볍게 먹어서 배가 좀 출출한데 우리 치킨 시켜 먹을까요?

아들   아니요, 저는 피자 먹고 싶어요.

딸   전 치킨이 좋아요. 치킨 시켜 주세요.

아빠   그래요, 오래간만에 치킨 먹어요.

아들   전 피자요.

결국, 치킨과 피자를 모두 시켜서 온가족이 원하는 것을 들어주었습니다.

늦은 밤 가족이 함께 오손도손 치킨과 피자를 나눠먹으며 행복한 대화를 이어갑니다.

---

part **18**

걱정이 되는 마음

친구들과 가족들, 선생님이 하는 말과 행동이 내가 원하지 않는 상태로 오랫동안 유지하면 마음에 걱정과 근심이 많아집니다. 내가 원하지 않은 상태가 느껴지는 부분이 있으면 '생각으로 인한 판단과 해석'인지 '부정적인 느낌'인지를 확인합니다. 부정적인 느낌으로 강하게 느껴지면 비폭력 대화를 나누어서 엉클어진 마음의 실타래를 풀어야 합니다.

내가 원하지 않은 상태 - 부정적인 느낌 단어

걱정/긴장/ 두려움/불안	가슴이 두근거리는, 겁나는, 겁먹은, 긴장된, 두려운, 무서운, 불안한, 소름이 끼치는, 손에 땀은 쥐게 하는, 숨이 막힐 것 같은, 애타는, 얼어붙은, 여유 없는, 염려하는, 조급한, 조마조마한, 조바심 나는, 조심스러운, 진땀 나는, 초조한

예 기말 성적표가 나왔는데 성적이 생각보다 잘 안 나왔어요. 부모님께 안 보여 드리려고 며칠째 가방에 넣어 놓고 있었는데, 친구네 엄마가 놀러 와서 "성적표 방학식 날 나눠 줬다."라는 얘기를 하셔서 **가슴이 두근두근**한 적이 있었어요. 물론 나중에 성적표 내어 놓고 엄청나게 혼났지만요.

-17세 남학생

고민스러움/ 압박감/ 성가심	심란한, 고민되는, 답답한, 성가신, 짜증스러운, 불편한, 마음이 복잡한, 힘겨운, 부담스러운, 중압감이 느껴지는, 난감한, 거슬리는, 신경이 날카로운, 귀찮은, 예민해진, 민감해진, 수심에 찬

예 수학 숙제 있는 걸 까먹었다가 학교에 와서 생각났지만 오늘은 검사를 하지 않을 것 같아서 안 했는데… 아까 선생님이 숙제 검사를 해서 **마음이 복잡**했어요. 괜히 옆 친구에게 화만 냈네요.

-15세 여학생

고통스러움/ 상처받음/ 외로움	가슴이 찢어지는, 고독한, 고립된, 고통스러운, 괴로운, 비참한, 속상한, 억울한, 쓸쓸한

> 예 친구가 나의 비밀을 다른 사람에게 말해 버렸을 때 정말 **비참**하고 괴로웠어요.
>
> 예 엄마가 나의 굿즈(아이돌 물품)를 버렸을 때 **고통스러웠어요.**
>
> 예 그동안 용돈 모아서 어렵게 산 화장품을 선생님께서 압수하셨을 때 **속상했어요.**   -14세 여학생

놀람/충격	경악을 금치 못하는, 기막힌, 깜짝 놀란, 쇼크 먹은, 아찔한, 움찔하는, 충격적인, 하늘이 무너지는, 할 말을 잃은, 황당한

> 예 시험 점수가 생각보다 훨씬 낮게 나올 때 **쇼크** 먹었어요.
>   -14세 여학생
>
> 예 오늘 입으려고 했던 옷이 세탁기 속에 있었을 때 **황당했어요.**
>
> 예 학교 과제를 다하지 못했는데 컴퓨터를 잘못 눌러 삭제되었을 때 **기막혔어요.** 이걸 다시 또 해야 하다니 하구요.
>   -15세 여학생

당황/수치/ 죄책감	곤혹스러운, 분한, 울화가 치미는, 분개한, 격분한, 성난, 열 받은, 신경질 나는, 짜증 나는, 약 오른, 격노한, 분격한

예 선생님께서 친구들 있는 자리에서 크게 혼내실 때 **신경질 났**어요. **창피**하기도 하고요.　　　　　　　　　-18세 남학생

부러움/ 간절함	간절한, 못 견디는, 부러운, 샘나는, 안달 나는, 절실한, 조급한, 질투 나는, 참지 못하는

예 친구와 같이 그림 그리기 대회에 나갔는데 친구만 상을 받아서 엄청 **샘났**어요. 나도 간절히 상을 받고 싶었는데… 속상했어요.　　　　　　　　　-16세 여학생

예 친한 친구가 콘서트를 간다고 할 때 부럽고 **샘났**어요.　　　　　　　　　- 13세 여학생

단절감/ 마비	거리감이 생기는, 냉담한, 냉랭한, 넋이 나간, 단절된, 마비된, 마음이 닫힌, 멍한, 몽롱한, 무감각한, 무신경한, 무심한, 물러선, 시큰둥한, 심드렁한, 얼이 빠진, 정신이 없는, 재미없는

예 초등학교 때 친했던 친구인데 중학교가 달라지면서 길에서 만나도 **냉랭**하게 대할 때 서운해요.　　　　　　-14세 여학생

분노/화	화난, 분한, 울화가 치미는, 성난, 열 받는, 신경질 나는, 약 오른, 노여운, 격노한, 분격한, 격양된

예 친구가 실내화 주머니를 숨기고 집에 가버려서 신발 찾느라 열 받고 **신경질 나** 혼났어요.　　　　　　-11세 남학생

예 친구가 용돈이 떨어졌다고 3,000원을 빌려달라고 해서 빌려주었어요. 며칠 뒤 빌려준 돈을 달라고 하니 "네가 사채업자냐?" 하고 다그치는데 어이가 없고 화가 너무 나서 **힘들었어요**.
　　　　　　　　　　　　　　　　　　-14세 여학생

불만족/좌절/ 서운함	기분 상한, 뚱한, 망연자실한, 불만인, 불쾌한, 시무룩한, 야속한, 욕구불만인, 좌절하는

예 친구와 야구 경기를 보러 가기로 했는데, 위치를 잘못 알아 헤매다 시간이 늦어져서 결국 야구 경기를 못 봤어요. 엄청 기대한 경기였는데 못 봐서 좌절되었고 **기분 상했어요**.
　　　　　　　　　　　　　　　　　　-16세 남학생

불안정감/ 혼란/의혹	개운치 않은, 기분이 오락가락, 동요되는, 마음이 어지러운, 망설이는, 미심쩍은, 미칠 것 같은, 불안정한, 불편한, 산란한, 산만한, 생소한, 신경 쓰이는, 어쩔 줄 모르는, 의심스러운, 의아한, 진퇴양난인, 혼란스러운, 혼미한

예 잘하는 것이 여러 개여서 미래 진로에 대해 마음이 어지러워요. 아빠는 선생님 되라고 하는데요, 저는 배우를 하고 싶어요. 요즘 아빠가 강요를 더 많이 하셔서 마음이 **심란**하고 **혼란**스러워요.

-17세 여학생

슬픔/실망/ 무기력	기운 없는, 눈물이 나는, 막막한, 맥빠진, 무기력한, 불행한, 상심한, 서글픈, 슬픈, 암담한, 앞이 안 보이는, 우울한, 울적한, 위축한, 의기소침한, 절망하는, 침울한, 코가 시큰한, 희망이 없는, 힘 빠진, 힘없는

예 부모님께서 많이 다투시더니 아예 따로 살아요. 마음이 너무 **슬프고 힘들어요.** -18세 남학생

예 방 청소를 열심히 했는데 자꾸 지저분하다고 지적하는 언니 때문에 지금은 청소를 하기 **싫어요.** 해도 혼나고 안 해도 혼나니까 이제 하기 싫어요. -16세 여학생

질문 내가 원하지 않은 상태일 때의 예문을 읽고 '나도 이런
적 있어요.'라고 떠오르는 것이 있다면 적어 보세요.

사례

"체육 시간에 우리 7반과 2반 전원이 피구 시합을 했어
요. 근데 우리 반 담임 선생님은 우리 반 편을 안 들어주
고 자꾸만 2반 편을 들어주시는 거예요. 우리 반 친구들이
'선생님, 우리가 쟤 맞혔어요, 아웃이라고 말해주세요!'라
고 말했지만 선생님은 웃기만 하실 뿐 그냥 그 친구를 살
려주는 거예요. 매번 경기를 할 때마다 선생님은 우리 반
친구들 이야기를 들어주시지 않고 다른 반 친구들을 편들
어 주시는데 화가 너무 나요. 그래서 반 친구들과 체육 수
업을 마치고 담임 선생님께 찾아가서 말씀드렸어요. '선
생님, 우리 반이 이긴 건데 우리 반 편을 안 들어주셔서 정

말 속상해요. 경기도 매번 불공정하고…. 저희 너무 속상
해요. 선생님이 우리 반 편 좀 들어주시면 안 돼요?'하고
말씀드렸더니 선생님은 그저 웃으실 뿐입니다. 정말 답답
하고 힘들어요."

- 중1 여학생

위 사례를 읽고 내 느낌은 어떨까요? 내가 원하는 상태와 다른 행
동을 하시는 선생님의 모습을 바라볼 때 내가 드는 느낌은? 느낌
단어를 골라서 적어 봅니다.

질문 1 위 사례를 읽고 난 내 느낌은?

질문 2 **욕구가 좌절**(내가 원하는 것을 얻지 못했을 때의 느낌) **내 느낌은 :**

"

반 친구들의 자존감을 높여 주는 시간

친구들의 긍정적 느낌 단어 나누기 - 포스트잇을 준비한 후 친구
를 생각하면 드는 긍정적인 느낌 단어[욕구(필요)가 채워졌을 때]
붙여 주기 게임

○○○ 친구 하면 떠오르는 긍정적인 느낌 단어는?

○○○ 선생님 하면 떠오르는 긍정적인 느낌 단어는?

엄마, 아빠 하면 떠오르는 긍정적인 느낌 단어는?

(아래 단어들 중 상대방을 떠올리며 드는 '긍정적인 느낌 단어'를 포스트 잇에 적어 붙여 주는 활동을 합니다.)

■ 긍정적인 느낌의 단어 (내가 원하는 단어)

가슴 뭉클한, 감격한, 감동하는, 감사하는, 경이로운, 고마운, (기분 좋은 일에) 깜짝 놀라는, 놀라는, 신기한, 찡한, 기쁨에 넘치는, 들뜬, 뛸 듯이 기쁜, 벅찬, 설레는, 야릇한, 열정을 느끼는, 흥분되는, 환희에 찬, 신나는, 열렬한, 우쭐한, 자극받는, 짜릿한, 통쾌한, 다정한, 따뜻한, 마음이 끌리는, 마음이 열리는, 마음이 통하는, 부드러워지는, 사랑을 느끼는, 애정을 느끼는, 애착이 가는, 애틋한, 온화한, 자비심, 푸근한, 친근한, 고요한, 가라앉은, 긴장이 풀린, 마음이 놓이는, 맑은, 안심되는, 안정된, 이완된, 잔잔한, 중심을 잡은, 진정된, 차분해진, 충만한, 편안한, 평온한, 평정한, 평화로운, 한가로운, 기분 좋은, 기쁜, 만족하는, 명랑한, 반가운, 상쾌한, 여한이 없는, 유쾌한, 재미있는, 좋은, 즐거운, 즐기는, 충족된, 행복한, 흐뭇한, 흔쾌한, 흥겨워하는, 흥이 난, 긍지를 느끼는, 당당한, 뿌듯한, 의기양양한, 자랑스러운, 자부심을 느끼는, 자신 있는, 자신만만한, 확고한, 확신하는, 기운찬, 기운이 나는, 되살아 난, 발랄한, 살아 있는, 상쾌한, 생생한, 신선한, 열의가 생기는, 원기 왕성한, 쾌활한, 회복된, 힘이 넘치는, 힘찬, 관심이 가는, 궁금한, 넋이 나간, 매료된, 열렬한, 열심인, 열중하는, 호기심이 있는, 기대하는, 기운을 내는, 낙관하는, 자신감을 얻는, 희망을 느끼는

5

상대방의 말과 행동을 보고 필요한 게 있다면?

part **19**

필요(욕구)를 말해요

"비" 폭력 대화의 3단계는 '필요(욕구)'입니다. 필요(욕구)는 '수단'(목적을 이루기 위한 꾀)과 '해법'(어렵거나 곤란한 것을 푸는 방법)과 구별되어야 합니다. 쉽게 말하면 남을 이용하기 위한 꾀로 욕구를 사용하면 곤란하다는 의미입니다."

욕구는 내가 원하는 것, 필요로 하는 것, 중요하게 여기는 것으로 살아가는 데 꼭 필요한 것을 의미합니다. 내가 갈등을 줄이고 이 세상을 평화롭게 살아가려면 무엇이 필요한지 알아차려야 합니다. 1단계 관찰의 반대인 "누군가 나를 판단(평가)한다면 그 판단(평가)는 욕구를 표현한 것"입니다. 예를 들어 볼게요.

"김치찌개 맛이 이상해!'는 무엇을 원하는 걸까요?"

학생들   "김치찌개 맛이 이상하니까 먹기 싫다에요.", "김치찌개가 맛이 없다니까 맛있는 김치찌개를 먹고 싶다는 거예요."

"맞아요. 김치찌개 맛이 원하는 맛이 아니니 원하는 맛으로 먹고 싶다는 것을 부정적으로 표현한 것이죠. 맛을 판단하고 부정적으로 표현해서 상대방 기분을 언짢게 표현한 것이지만 나의 욕구를 표현한 것이죠. 앞서 배웠지만 상대방이 한 일을 부정적으로 평가하면 관계가 나빠질 가능성이 높아진답니다."

엄마와 아빠는 행복한 생활을 꿈꾸며 결혼했습니다. 그러나 결혼해서 만나게 되는 새로운 음식 문화, 습관, 관습, 언어, 신념 등의 차이 및 서로가 원하는 것을 그때그때 표현하지 않으면 갈등이 생길 수 있습니다. 학교에서도 마찬가지입니다. 각 학년별 다른 선생님들과 다른 친구들을 만남으로써 각자가 다른 환경에서 배우고 자랐기 때문에 다르게 표현할 수도 있다는 것을 알아야 합니다.

살아오면서 그동안 어떤 사람들을 만나고 어떻게 배웠는지에
따라 청소년의 말과 행동은 다르게 표현됩니다.

어떤 부모님은 자녀의 눈빛만 봐도 무엇이 필요한지 척척 알아서 해 주시는 분들도 계시지만 그렇지 않은 부모님도 계시지요. 학교에서도 존재 인정을 잘해 주시는 선생님이 계시는가 하면 그렇지 않은 선생님들도 계십니다.

"세상을 살아가는 데 필요한 것은 매우 많습니다. 사람마다 필요한 것이 같을까요? 다를까요?"

학생들　아니요… 다를 것 같아요.

"맞아요, 사람들은 자신이 처한 상황에서 각자가 필요로 하는 것이 다를 수 있어요."

　폭우가 와서 집이 무너진 친구는 '안전한 주거지'가 필요합니다. 운동장 세 바퀴를 뛴 친구는 갈증 나서 '물'이 필요합니다. 엄마와 아침에 다툰 딸은 '갈등 극복'을 필요로 합니다. 앞서서 나눈 느낌에서처럼 내가 필요로 하는 것이 무엇인지 알아야 화나 분노가 나지 않아요.

　필요(욕구)를 충족시켜 주거나 알아주기 위해서는 누가 어디로(무엇을) 필요(원하는지)로 하는지 대화로 물어보면 진실을 알게 되어 갈등을 줄일 수 있습니다.

[갈등 상황의 예]

주제 : 가족이 바다로 여름휴가를 함께 가고 싶어요.

엄마와 아빠가 여름휴가로 가고 싶은 바다가 동해와 서
해로 나누어져 갈등이 깊어요. 어떻게 하면 가족이 모두
합의를 해서 원하는 휴가지로 여행을 갈 수 있을까요?

엄마에게 물어보니 엄마는 깊고 파도가 멋지게 치는 동
해를 가고 싶어 했어요. 아빠는 시원한 바다면 된다고 서
해를 가고 싶어 했어요. 나는 맛있는 먹거리가 있는 곳이
면 어디든 좋다고 했어요. 동생은 잠자리가 편한 곳이라
고 말했어요.

가족	어디서	필요(원하는가)
엄마	동해요	깊은 동해로 가고 싶어요.
아빠	서해요	시원한 서해로 가고 싶어요.
나	바다	맛있는 먹거리가 있는 곳
동생	바다	잠자리가 편한 곳

결국, 회의를 통해 결정된 곳은 서해였어요. 먹거리가 풍부하고 할아버지 댁이 가까워 잠자리가 편한 곳을 찾으니 당연히 서해로 확정했어요.

-17세 여학생

가족들의 의견을 물어보면 합의점을 찾게 되어 갈등 없이 즐거운 여름휴가를 갈 수 있게 됩니다.

part 20

살아가는 데 필요한 것을 알아요

욕구 목록 7영역은 사람이 살아가는 데 필요한 목록입니다. 위에서 배운 욕구(원하는 것)와 원하지 않은 것을 살펴보면 됩니다. 욕구 목록 7영역은 살아가는 데 있어서 중요한 역할을 합니다.

1	자율성/힘	자신의 꿈, 목표, 가치관, 선택, 자기 조절, 용기, 주도성

> 예 진로를 정하는 것은 **제가 원하는 것으로** 정할 거예요.
>
> -16세 여학생

2	축하와 애도	• 꿈을 실현하거나 생명 탄생 시 축하 • 꿈의 상실이나 사랑하는 사람을 잃었을 때 애도

158

	예 저 혼자였는데 늦둥이 동생이 태어나서 온 가족이 행복해요. 주변에서도 **축하해** 줘서 좋아요.	-11세 여학생
	예 축구선수가 되고 싶었는데 다리를 다쳐서 포기했어요. **마음이 아파요.**	-17세 남학생

3	대인관계 / 상호 의존	감사, 친밀감, 공동체, 배려, 정서적 안정, 공감, 지지, 따뜻함, 소통

	예 절친이랑 **친하게** 지내고 자주 만나고 맛난 것도 나눠 먹고 너무 좋아요.	-14세 여학생
	예 친구가 제 이야기를 잘 들어주고 공감해 줘서 마음이 **편안해** 요.	- 11세 여학생

4	온전함	진정성, 일치성, 창조성, 성찰, 자기 가치

	예 사람은 생긴 모습도 다르지만 모두가 가진 스스로의 **자기 가 치**가 있어요. 인간은 태어날 때 온전한 존재로 태어난대요.	-19세 여학생

5	놀이	웃음, 재미

> **예** 요즘 아재 **개그**가 한참 유행이지요.
> 퀴즈 하나 낼게요? 우유가 넘어지면?
> 정답 : 아야!　　　　　　　　　　　　　-15세 남학생
>
> **예** **유머**는 고수의 기법인 것 같아요. 사람들의 마음을 편안하게
> 해주니까요.　　　　　　　　　　　　　-18세 여학생

6	영적 교감	아름다움, 영감, 조화, 질서, 평화

> **예** 사람들과 **조화**를 이루며 살아가는 모습은 **아름다운** 것 같아
> 요. 마음도 **평화**롭고요.　　　　　　　　-17세 여학생

7	신체적 돌봄	공기, 물, 음식, 휴식, 자유로운 이동, 신체적 접촉, 안전한 주거지

> **예** **공기, 물, 음식**이 없으면 못 살잖아요. 가장 중요한 것 같아요. 특
> 히 〈정글의 법칙〉을 볼 때 느껴요.　　　　- 13세 남학생

160

내가 최근에 가족, 친구, 선생님, 더 나아가 친인척을 만났을 때 욕구(필요)가 채워지지 않아 화가 나거나 갈등 상황이 있었을 때를 떠올려 봅니다. 그리고 대화가 필요한 한 사람을 떠올려 봅니다.

아래 네모 상자 안에 들어간 단어를 살펴봅니다. 화가 난 이유와 갈등이 생긴 이유를 살펴봅니다.

모둠 활동 ①

6명이 모둠이 되어서 진행합니다.
모둠장 한 명을 선정 후 돌아가면서 질문 후 기록합니다.

> **질문1** 최근에 기분 좋았던 일이 있다면?

> **질문2** 최근에 집에서 화가 나거나 갈등이 있었다면?

모둠 활동 ②

욕구 목록 7영역의 욕구는 사람마다 매 순간마다 다르게 필요합니다. 상대방이 필요로 하는 것이 무엇인지 자세히 관찰하고 물어보는 것이 중요합니다.

1	자율성/힘	자신의 꿈, 목표, 가치관, 선택, 자기 조절, 용기, 주도성
2	축하와 애도	• 꿈을 실현하거나 생명 탄생 시 축하 • 꿈의 상실이나 사랑하는 사람을 잃었을 때 애도
3	대인관계/상호 의존	감사, 친밀감, 공동체, 배려, 정서적 안정, 공감, 지지, 따뜻함, 소통
4	온전함	진정성, 일치성, 창조성, 성찰, 자기 가치
5	놀이	웃음, 재미
6	영적 교감	아름다움, 영감, 조화, 질서, 평화
7	신체적 돌봄	공기, 물, 음식, 휴식, 자유로운 이동, 신체적 접촉, 안전한 주거지

질문1 내 삶에서 욕구 7영역에서 가장 필요한 것은?

질문2 그것을 선택한 이유는 무엇인가요?

질문3 누구와 대화를 나누면 내가 필요로 하는 것이 해결될 수 있을까요?

part 21

화내지 않으셔도 우린 잘할 수 있어요

학 교나 가정에서 화를 내시는 부모님과 선생님들을 간혹 만납니다. 그 화가 자녀나 제자들의 잘못으로 내는 화인지, 아니면 다른 일로 화를 내시는 것인지 물어 보고 싶을 때가 여러 번 있었습니다. 제가 보기엔 별일 아닌데 너무 심하게 화를 내시는 어른들… 무엇이 어른들을 이토록 화나게 하는 걸까요? 학생들은 화 내는 선생님과 부모님을 어떻게 생각하고 있을까요?

| 화내는 선생님 |

| 비폭력 대화로 말씀하시는 선생님 |

5. 상대방의 말과 행동을 보고 필요한 게 있다면?　**163**

"화내지 않으셔도 우린 잘할 수 있어요."

아래 [사례 1] 남자 선생님과 남학생의 글을 읽고 각자가 원하는 것(필요)을 살펴봅니다.

 선생님과 남학생

남자 선생님 "야, 줄 똑바로 서! 어이, 거기 뒤에… 똑바로 서라고!"

한참 뒤 화난 남자 선생님은 발길로 학생을 찼어요. 하지만 그 선생님의 발이 학생에게 닿기 전에 자기를 향해 선생님이 오는 줄 알게 된 학생이 피해서 다행이었어요. 그토록 남자 선생님은 줄이 비뚠 것에 대해 그렇게 민감하게 행동하신 걸까요? 선생님께서 원하시는 건 무엇이었을까요?

남자 선생님의 필요(욕구) 비뚤게 선 학생이 줄을 반듯하게 똑바로 섰으면 좋겠다.

남학생의 필요(욕구) (발로 차지 말고) "저기 다섯 번째 학생, 앞을 보고 줄 반듯하게 서 봅니다!"라고 말해 주시면 좋겠다.

학교에서 과다한 업무와 스트레스 때문에 학생들에게 거친 언어와 행동을 하시는 선생님들을 간혹 봅니다. 몇 해 전 비폭력 대화 수업에 참여한 학생이 울면서 저에게 찾아와 "저를 먹살 잡고 협박하신 선생님을 용서할 수 없어요. 이런 분이 어떻게 학교에 계신지 이해하기도 어렵고, 친구들이 먹살 잡힌 모습을 봐서 창피하고 억울하고 분하고 마음이 너무 아파요." 하고 엉엉 울던 두 명의 남학생이 기억납니다.

저에게 학생들은 말합니다.

"학교 선생님들이 부드럽게 말씀하셔도 우린 알아듣는데… 왜 그렇게 무섭게 화를 내시면서 말씀하시는지 모르겠어요."라고 학생들이 선생님께 원하는 욕구를 제게 말해 줍니다.

그래서 그 반 담임 선생님과 아이들의 욕구에 대해서 진솔한 대화를 나누게 되었습니다.

선생님 하루 이틀도 아니고 매일 보는 아이들인데 혼나도 그 때뿐이고 계속 말썽을 피우니까… 더 크게 더 강하게 혼내게 됩니다. 저도 기운 없는데 소리치느라 힘드네요….

지친 선생님과 학생들에게는 화내지 않고 그들의 이야기를 다정하게 들어줄 전문 상담 선생님의 역할이 매우 중요하게 느껴지는 때입니다.

사례2

스승의 날을 며칠 앞두고 중3을 대상으로 한 강의에서 남학생에게 질문을 하나 했어요. (물론 담임 선생님은 교무실로 가시고 교실에는 안 계셨지요.)

"유치원부터 중3까지 오는 중에 존경할 만한 '스승'으로 기억되는 분이 몇 분 정도 있나요?"

학생들　　"음… 글쎄요.", "존경할 만한 스승… ",
　　　　　　"휴…"

이때 남학생 한 명이 손을 들었어요.

중3 남학생　진정으로 존경하는 분은 '스승'이라고 부를 수 있는 거잖아요. 곧 스승의 날이라 물으신 것 같은데요. 수업을 열심히 알려 주시는 스승은 많았지만 존경할 만큼 좋아한 스승님은 몇 분 안 되시는 것 같아요. 저에게 진정한 교육을 몸소 실천하시는 '스승'이라고 불릴 분은 일곱 살 유치원 때와 초등학교 5학년 담임 선생님 두 분밖에 없었던 것 같아요.

(학교에서 수업만 열심히 알려 주시는 '스승님'들은 많이 만나 왔지만 존경하고 그분처럼 되고 싶다는 '스승님'은 두 분 밖에는 없었다는 얘기에 잠시 말문이 막혔습니다.)

"어떤 부분이 존경하는 스승님의 모습이었나요?"

중3 남학생   항상 반 친구들의 의견을 물어주셨고 반 친구들 한 명, 한 명 상담해 주시면서 모범을 보이시고 말과 행동이 일치하시는 선생님이셨어요. 옆 반 선생님은 피구를 할 때 항상 자기 반이 이기도록 우기셨지만 담임 선생님은 서로에게 의견을 물어 공정하게 결정해 주셨어요. 삶이 모두 존경스러운 분이셨어요. 그래서 저도 크면 그분처럼 멋진 교육자가 되고 싶어졌어요. 그래서 존경하는 스승님이에요.

"교육을 넘어 인격적으로 제자를 대해 주시는 존경받는 '스승'이셨던 그분을 다시 만나면 무슨 말을 하고 싶나요?"

"우리 반만 잘하면 돼!"

(같이 심한 장난을 하고선) "너나 걸려라!"

"나만 아니면 돼! (방송에서 자주 나오는 말이죠. 나만 안 걸리면 돼!)

청소년들이 자주 보는 방송에서는 아이들이 올바른 가치관을 가지도록 정정당당한 내용을 담은 공정한 프로그램을 만들어 주었으면 좋겠다는 의견도 많이 주었습니다.

스페인에서 가장 이름이 알려진 교육운동가이자 폭력을 반대했던 프란시스코 페레는 자신의 저서 《꽃으로도 아이를 때리지 말라》에서 "부모들은 자녀의 자연적 성향에 대한 인식이 부족한 나머지 아이를 잘못된 상태로 몰아간다. 의미 없는 지식을 암기시킴으로써 기억의 영역만을 인위적으로 자극한다."라고 했습니다. 더 나아가 "아이들은 자유로우면서도 책임감이 있는 사람이 되어야

168

한다. 이런 방향으로 자신을 완전히 개발할 수 있도록 배려하는 것이 삶의 목적이기도 하다."라고 말했어요. 부모와 선생님은 아이들의 생각과 의지를 존중하며 그들이 자유로움 속에서도 책임감 있는 삶을 살 수 있도록 기회를 주는 것이 삶에서 중요한 목적이라는 것을 강조한 것입니다.

페레가 외친 "꽃으로도 아이를 때리지 말아야 한다."라는 것은 선생님과 학부모가 권위로 아이들에게 어떠한 억압도 실행해서는 안 된다는 것이며, 억압은 결국 정신적으로나 육체적인 폭력으로 이어지며, 권위와 폭력은 연결되어 있으므로 선생님과 부모가 비권위적일 때 가장 효과적인 교육이 이루어진다는 뜻입니다.

선생님 중에는 학생을 존중해 주는 대화로 아이들을 이끌어 주시는 분들도 많습니다. 그분들의 제자는 학교를 졸업하고도 제자를 존중해 주는 선생님께서 근무하는 학교를 찾아가 인사드리고 안부를 전하는 학생들도 많이 봐 왔습니다.

좋은 부모님도 많이 계시지요. 자녀에게 존칭을 써주고 의견을 들어주는 부모님들도 계십니다. 물론 그렇지 않고 자녀들을 내 맘대로 하려는 부모님들과 선생님들이 계신 것이 문제인 거지요.

어둡고 힘든 세상을 넘어 밝고 긍정적인 세상을 만들려면 나부터 괜찮은 사람이 되면 어떨까요?

part 22

"~해야만 한다." 강요는 이제 그만!

드폰 그만 보고, 들어가서 공부해!"

"부모님께서 이런 말을 하시면 여러분은 어떤 마음이 드나요?"

학생들 "짜증나요, 분노가 치밀어요, 힘들어요, 화나요, 분노
가 올라와요, 세상이 많이 바뀌었는데 여전히 부모님
들은 저한테 이거 해라, 저거 해라 해서 짜증나요, 우
리도 힘든데 너무 몰아붙이셔서 숨 막혀요, 쉴 수가
없어서 너무 힘들어요."

어른들이 비교, 강요, 명령, 지시, 경고, 위협, 충고, 제안 등을 사
용해서 청소년에게 대화를 시도하면 고통과 아픔은 대를 이어 전
해집니다. 그래서 서로에게 상처 주지 않도록 비폭력 대화를 서로
사용해야 한답니다.

170

비폭력 대화의 목적은 나와 다른 사람과의 대화에서 진심이 전달되도록 연민(가엽고 불쌍한 마음)을 가지고 나눔으로써 결국 서로가 원하는 욕구를 충족시키고 좋은 관계를 유지하도록 도와줍니다.

"Must, 해야만 한다."라는 강한 부정적 신념이 있으면 갈등은 깊어지게 됩니다.

"엄마는 매일 가족들에게 아침밥과 국을 차려 주어야 한다."

"학생은 매일 공부만 열심히 해야 한다."

"선생님은 나만 예뻐해 주어야 한다."

"내 친구는 꼭 교회에 다녀야만 한다."

"내 친구라면 절에 같이 다녀야만 한다."

내가 가진 신념(강하게 믿는 마음)과 가치관이 옳다고 생각하는 순간 화나 분노가 나기 쉬워요. 왜냐하면, 상대방이 그렇게 안 해주기

때문이죠. 신념(강하게 믿는 마음)을 강하게 가지면 몸은 내가 믿는 대로 움직이고 반응해요. 그것을 신념에 따른 행동이라고 보면 되지요. 신념은 성장 과정에서 가족 구성원 중에서 애착 관계를 형성하는 사람을 통해서 닮거나 만들어져요. 그 사람이 자란 생활환경이나 문화가 만들어 낸 것이지요. 과거에 있었던 경험들이 습관화되어 만들어져요.

학교에서 학생들이 발표를 하고 난 후에 자신이 필요로 하는 것을 적은 예입니다.

> **예 1** "친구들은 모두 나를 인정해 주고 존중해 주어야 한다."
> **예 2** "사람들은 나의 능력을 믿고 매일 인정하고 칭찬해 주어야 한다."

"나는 강한 신념을 가지고 있기에 '친구들과 사람들이 나를 인정해 주고 존중해 주며, 내 능력을 믿고 칭찬해 주어야 한다.'라고 강하게 믿고 있다면 마음이 어떨까요?"

상대방이 강제로 필요를 요청할 때도 마찬가지입니다.
"내 아들은 수학을 100점 맞아야 한다."
"내 딸이라면 전교 10등 안에는 들어야 한다."

"우리 반은 2학년 전체 중 1등 반이어야 한다."

서로가 필요로 하지만 쉽게 이루어지는 것이 아니기에 강요로 이루어진 약속은 서로 상처를 주게 되고 고통스러워하게 됩니다.

"여러분은 어떨 때 마음이 괴롭고 속상한가요?"

여학생   저한테 의견을 물어 보지 않고 부모님이나 선생님이 마음대로 정하고 말씀하실 때요. 영어 말하기 대회에 나가기 싫은데 엄마도 나가라고 하고, 선생님도 나가라고 하고… 힘들어요.

남학생   저도요. 엄마는 내 의견을 물어보지도 않고 학원을 등록했어요. 난 수학 학원 그만두고 싶다고 말했는데… 다른 학원으로 옮겨서 등록해 놨다고 해서… 진짜 속상해요.

여학생   맞아요. 저의 의견을 물어보지 않은 아빠 때문에 저도 힘들어요. 아빠는 쇼핑하는 거 좋아하시는데요, 저랑 취향이 너무 달라 매번 싸워요. 아빠, 이거 제 스타일 아니에요. 이건 남자 거예요! 하고 다퉈요.

이 세상을 살아가는데 "~해야만 한다."라는 것은 단지 내 생각뿐이란 걸 기억하고 상대방에게 지나친 것을 요구하면 상처가 될 수 있음을 인식해야 합니다.

부모와 자녀 관계에서 자녀는 5세 이전까지는 부모의 영향을 많이 받지만, 청소년들은 스스로 결정하고 선택하는 자율성을 발휘하는 때입니다. 학생들은 학교에서 '자녀는 부모의 소유물이 아닙니다.'를 배웠고 '청소년은 선생님의 소유물도 아닙니다.'를 알고 있습니다.

부모님, 선생님들께서 "시키는 대로 해!", "이렇게 해라, 저렇게 해라." 하는 대상이 아닌 '자신만의 고유함을 지닌 인격체'라는 것을 기억해 주시겠어요?

청소년들이 스스로 결정할 수 있도록 해결하고 싶은 것이나 궁금한 것은 '질문'으로 해 주세요.

그래야 청소년 스스로 '자신이 진정으로 원하는 해답'을 찾을 수 있게 됩니다.

미래를 이끌어갈 청소년들은 어려서부터 자신이 가진 재능과 상관없이 태권도, 피아노, 영어, 수학, 미술학원을 빙글빙글 돌며 힘들게 생활하고 있습니다. 많은 청소년에게 물어보면 그 학원을 왜 다니고 있는지 모른다고 말하는 학생들이 많습니다.

부모님들은 "내 아이만 잘하면 돼.", "너만 잘 되면 소원이 없겠다."

선생님들은 "좋은 대학 가야지."라는 말로 부담감을 팍팍 줍니다. 학생들은 그냥 옆을 가린 경주마처럼 앞만 보고 달립니다. 정작 인생에서 무엇이 중요한지 생각해 보지도 않고요.

학교 교육과 사교육을 바라보는 부모 입장에서도 청소년에게 지나치게 '공부, 공부'를 강요한다는 느낌이 듭니다. 청소년들은 자신의 인생에서 무엇을 하고 싶은지, 좋아하는지를 생각할 겨를도 주지 않은 채 좋은 대학만 가라고 하시는 어른들의 모습을 볼 때면 가슴이 답답하고 청소년들이 가여워집니다.

청소년들이 자율성을 가지고 스스로 선택할 수 있도록 질문해 주세요. 그리고 진정으로 자녀가 원하면 관심을 가지고 잘 이끌어 주세요.

질문1 궁금하거나 배워 보고 싶은 것이 있나요?

질문2 어떤 것을 할 때 가장 흥미롭고 재미있나요?

6

상대방에게 부탁(요청)하고 싶은 것은?

part 23

"~해 줄 수 있나요?"

연결, 행동 부탁 및 관찰, 느낌, 필요(욕구), 부탁(요청) - 총복습

"**사**람들은 저마다의 개성과 자율성이 있습니다. '이거 해라.', '저 학원 다녀라.' 하면 어떤 느낌이 들까요?"

학생들 "화나요.", "짜증 나요."

"그래요. 그럼 이제 우리 누군가에게 내가 필요한 것을 부탁할 때는 명령하거나 강요하지 않고 '~해 줄 수 있나요?' 하고 물어보는 거예요."

"비폭력 대화의 4단계는 '부탁'(요청)하기입니다.
부탁을 할 때는 소통되는 대화를 위한 '연결 부탁'과 구체적인 행동을 요청하는 '행동 부탁'이 있어요."

예 친구와 약속 장소에서 만나기 위해 전화로 대화를 나눕니다.

친구 A 우리 이따가 3시 영화 보기로 한 거 알지? 영화관에서 보자. 너는 영화표 사고 나는 간식 살게.

친구 A 내가 방금 한 말 어떻게 들었는지 말해 줄 수 있어?

친구 B 응, 이따 3시에 거기서 만나서 영화 본다고. 나는 영화표, 넌 간식이라고 말했지.

친구 A 그래, 약속 3시 전에 도착해 줄 수 있어?

친구 B 응, 일찍 준비해서 나갈게.

친구 A 그래, 이따가 반갑게 만나.

친구 B 응, 이따 만나….

내가 잘 아는 영화관이라 친구도 당연히 그곳을 아는 줄 알고 2시 40분까지 미리 가서 도착했는데 3시가 넘어도 친구가 오질 않는 거예요. 화가 나서 친구에게 전화해서 "너 영화관 안 오고 어디야?" 했더니 친구는 저를 기다린다고 A영화관 앞에서 10분째 서서 기다리고 있었대요. 저는 B영화관에서 기다렸는데…. 만나는 장소를 확실하게 안 해서 결국 보고 싶은 영화를 놓쳐서 속상했어요. 하지만 다시 생각해 보니 내가 확실하게 영화관 이름을 말하지 않은 것을 알게 되었어요. 친구에게 다시 전화해서 영화관 이름을 말하지 않아서 생긴 일이라고 솔직하게 말하고 미안하다고 사과했어요. 친구를 다시 만나서 뒤에 상영되는 영화를 골라 재미있게 봤어요. 예전에는 이런 일이 있으면 엄청 화가 났었는데 이제는 무엇이 잘못되어서 갈등이 일어나는지 이해하게 되어서 화가 안 나서 좋았어요.

-15세 여학생

대화를 잘하기 위한 '연결 부탁'과 행동 변화를 위한 '행동 부탁'을 잘하려면 '명확하고 실천 가능하며, 구체적인 행위를 긍정적인 질문 형태로 하는 것'이 진정한 부탁입니다.

친구를 약속 장소에서 만나기 위해 '행동 부탁'을 하려면

① 명확하고 구체적인 관찰을 통해서 말해요.

> **예** 다음 주 ○○공원 우체통 있는 빨간 의자 앞에서 2시에 만나자.
>
> (눈에 그려지도록)

② 긍정문으로 '원하는 것'을 말해요.

> 예 약속 시간 2시까지 ○○공원 빨간 의자가 있는 데에 나와 줄
> 수 있지?

③ 현재, 지금 바로 할 수 있는 것을 부탁해요.

> 예 자, 여러분 얼굴을 들고 앞 칠판을 바라봐 줄 수 있나요?

④ 권유나 질문 형태로 말해요.

> 예 점심 먹고 수업하니까 살짝 졸리지요. 우리 잠깐 같이 스트레
> 칭 좀 하고 수업 진행해도 될까요?

⑤ 함께 하려는 마음으로 말해요.

> 예 제가 도와 드려도 될까요?

명령이 아니라 부탁하는 대화 사례를 가지고 연습해 봅니다.

■ '명령 대화'를 '부탁 대화'로 바꿔 보기

명령 대화 수학 학원 좋은 데 준비해 놨으니 내일부터 다녀.

부탁 대화 수학 학원 바꾸고 싶다고 했지? 학원 알아보러 같이 갈래요?

"~ 해라.", "~ 말아라."의 명령이 아닌 스스로가 선택할 수 있도록 부탁해 주세요.

"~ 해 줄 수 있나요?", "~ 할래요?" 하고 부탁해 주세요.

"~ 해 줄 수 있어?", "~ 할래?" 하고 부탁해도 됩니다.

엄마와 아들

아들이 청소를 돕다가 화분을 깨버렸어요.

[폭력 대화]

오랜만에 부모님 도와 드리려는 마음에 집에서 청소기를 돌렸는데, 전깃줄에 걸려서 그만 거실에 있는 큰 화분을 와장창 박살내 버렸어요.

엄마	으이구… 내가 못산다. 네가 그렇지 뭐… 안 하던 청소기는 왜 잡아 가지구…
아들	오랜만에 도와 드릴려고 청소기 돌린 건데…
엄마	됐거든. 아예 안 하는 게 돕는 거다. 아이고 화분 아까워서 우짜노…
아들	나보다 화분이 더 중요해? 아, 짜증 나…
엄마	화분 깨놓고 어디서 성질이야?

[비폭력 대화]

오랜만에 부모님 도와 드리려는 마음에 집에서 청소기를 돌렸는데, 전깃줄에 걸려서 그만 거실에 있는 큰 화분을 와장창 박살내 버렸어요.

엄마	어머나! 화분이 깨졌네. 안 다쳤니?
아들	저는 안 다쳤는데… 죄송해요. 화분 깨트려서…
엄마	괜찮아. 화분이야 치우면 되는 건데 뭐. 화분 치우는 거 좀 도와줄래?
아들	화분 깨진 것 치우고 나머지 청소기는 제가 돌릴게요.
엄마	고마워. 같이 치우니까 금방 치우네.

위 사례는 상대방의 행동의 변화를 주는 행동 부탁 방법이에요.
행동 요청을 바탕으로 관찰, 느낌, 욕구, 요청을 복습해 보아요.

아들 방에 들어갔는데 방바닥에 책 20여 권과 옷들이 어질러져 있어요.

[폭력 대화]

책과 옷들로 어질러진 아들 방을 보고

엄마   방이 이게 뭐니? 돼지우리니?

아들   … (째려본다.)

엄마   아이고 더러워라! 청소 좀 하고 살아라.

아들   내 방 내가 알아서 해!

엄마   누굴 닮아서 애가 저리 지저분한지 몰라!

[비폭력 대화]

엄마   방이 옷들과 책으로 어질러져 있네.

엄마   엄마가 아들 방을 보면 무슨 느낌이 들까?

아들   옷하고 책하고 어질러져 있어서 지저분하다고
         느끼실 것 같아요.

엄마   그래, 방이 지저분해 보이니 마음이 심란하네
         요. 방이 깨끗하면 좋겠어.

아들   네, 곧 치울게요.

엄마	엄마가 도와줘도 될까?
아들	네, 책과 옷 정리하고 나면 청소기 밀어주시면 좋겠어요.(웃음)
엄마	그래. 정리되면 말해줘. 청소기 밀어줄게.

아래는 상대방과 대화를 연결하는 연결 요청이에요.
연결 요청을 바탕으로 관찰, 느낌, 필요(욕구), 부탁(요청)
을 복습해 봅니다.

폭력 대화와 비폭력 대화를 보고 느낀 점을 나눠 봅니다.

> **질문1** 비폭력 대화에서 관찰, 느낌, 필요(욕구), 부탁(요청)을
> 해보고 느낀 점이 있다면?

> **질문2** 집에서 비폭력 대화를 나눠 본다면 누구와 먼저 나눠
> 보면 좋을까요?

2부
각자의 샛별이
빛날 수 있도록

7

각자의 별빛을 찾아서

part 24

각자의 별빛이 빛날 수 있도록…

청 소년 여러분은 각자가 잘하는 부분이 따로 있습니다. 관심 있는 부분도 다르지요. 어떤 친구는 몸에 관심이 많고, 어떤 친구는 외모에, 또 어떤 친구는 교우관계에… 친구들마다 관심 있는 부분이 달라 친해지거나 혹은 멀리하거나 하지요.

학교에서 문제아로 찍힌 학생들이 외부 교육기관인 '대안학교'에서 수업을 했던 몇 년 전, 봄날 강의를 하면서 만난 인상 깊은 여학생이 있었어요. 이 여학생은 중학교 2학년임에도 불구하고 풀 메이크업을 하고 있어서 30명 가까이 있는 학생들 중에서 눈에 쏙 들어왔어요. 수업 시간에도 간간이 거울을 보고 있고 책상 위에도 화장품이 들어 있는 파우치가 놓여 있어서 자연스럽게 질문해 보았어요.

코치 대안학교에 어떻게 오게 되었어요?

여학생 학교에 메이크업하고 가서 걸려서요. 학교에서
는 '메이크업하고 오면 안 된다'고 했거든요. 근
데 제가 계속 하고 가서 대안학교 가서 보충 교
육받고 오라고 해서 왔어요.

코치 메이크업 정말 잘했네요. 커서 되고 싶은 게 있
나요?

여학생 저 메이크업 아티스트요. 저 지난달에 국제대회
나가서 금상도 받았어요. 나름 메이크업 분야에
서는 인정받는데 학교에서는 맨날 문제아로 찍
혀서 너무 슬프고 학교 가기도 싫어요.

코치 우아! 대단한 친구네요! 메이크업 분야 국제대
회 금상 탈 정도면 실력이 뛰어난 건데… 멋지
네요. 그런데 학교에서는 문제아로 찍혀서 속상
하군요. 학교 담임 선생님과 진로와 관련해서
진지하게 이야기해 본 적 있나요?

여학생 선생님하고는 대화가 안 통해요. "아직 어리
니까 일단 학교에서는 화장하지 말고, 틴트 바
르지 말고 나중에 진로 정하고 커서 메이크업
하라."고만 하세요. "학교에서는 절대 안 된다

	고…" 엄마가 헤어와 메이크업을 하셔서 저도
	엄마 따라서 메이크업 분야에서 일할 거예요.
	학교에서 저를 좀 이해해 주었으면 좋겠어요.
코치	아! 어머니께서도 헤어와 메이크업 일을 하고
	계시군요. 한마디로 타고난 거네요. 타고난 메
	이크업 실력에 엄청난 훈련까지 하고 있었군요.
	정말 열심히 꿈을 펼치고 싶은데… 학교에서는
	"아직 어리다고 안 된다."라고 하니 정말 답답
	하겠네요.

이 학생은 타고난 메이크업 실력자이지만 중학교에서는 단지 문제아로 낙인되고 있는 현실이 너무 슬프게 느껴집니다. 그래서 친구에게 용기와 응원의 메시지와 함께 고등학교는 꼭 메이크업 분야를 배울 수 있는 학교 선택을 할 수 있도록 대화를 나누었습니다.

요즘 초등학교 고학년부터 시작된 메이크업이 사회문제로까지 대두하고 있는 상황입니다. 학교나 가정에서 아이들이 화장을 왜 하고 있는지 대화를 나눠 보면 좋을 것 같습니다. 눈에 보이는 것이 전부가 아니기에 대화를 통해 무엇 때문에 아이들이 이토록 화장품에 빠지고, 바르고 있는지 이럴 때 진정한 대화를 나눠 본다면 어떨까요?

학생들 자신이 원하는 삶을 살 수 있도록 진로 코칭 강의를 가서 학생들을 만나보면 재능이 뛰어난 아이들이 많이 보입니다.

중2 수업 시간에 나눠준 활동지에 만화를 너무나 실감나게 그린 남학생 친구가 있었어요. 지나가다가 활동지 체크를 하다 보니 실력이 꽤나 뛰어나 보였어요.

코치 와… 만화 그림 정말 잘 그리네요!

남학생 (종이를 얼른 뒤집으며 활동지에 글을 긁적이며 눈치를 살피면서)…

코치 괜찮아요. 그림 좀 볼 수 있을까요?

남학생 그냥 긁적인 건데요….

코치 만화 엄청 잘 그리네요. 커서 뭐 되고 싶어요?

남학생 만화가요. 그런데 공부를 못해서… 선생님한테 매일 혼나요. 그림 그만 그리고 수업 시간에 집중 좀 하라고… 내가 진짜 하고 싶은 것은… 만화가인데… 부모님들은 건축디자인을 하라고 하시고… 걱정하시는 거 아는데 자료도 찾아보고 인터넷으로 저도 충분히 알아보고 있으니 제발 제가 하고 싶은 것을 할 수 있도록 허락 좀 해 주셨으면 좋겠어요.

어른들은 "내가 어른이라서 너보다는 더 많이 아니까 청소년들에게 이게 좋다더라, 저게 좋다더라."하고 얘기해 주십니다. 진짜 아이가 무엇을 잘하고 원하는지 물어봐 주시는 대화를 해 보시면 좋겠습니다.

> "잘하는 것만 해서는, 성장할 수 없어.
> 할 수 없는 일을 해야 자신이 누구인지 알 수 있어.
> 나는 너를 나처럼 만들려는 게 아니야.
> 너를 너로 만들려는 거지.
> 나다운 것!
> 자기가 잘할 수 있는 걸 하면 되는 것이에요."
> -〈쿵푸 팬더 3〉 중에서

자세히 자녀를 관찰하면 말을 조리 있게 잘하는지, 그림을 잘 그리는지, 악기를 잘 다루는지, 디자인 감각이 있는지, 남의 이야기를 잘 들어주는지, 컴퓨터 활용 능력이 뛰어난지, 수학이나 과학 쪽 분야를 잘하는지, 글을 잘 쓰는지…, 부모님과 조상님에게 어떠한 재능을 물려받았는지 가계도를 그려 보는 것도 좋은 방법이 될 수 있습니다.

자녀는 부모님의 재능을 많이 닮습니다. 손재주 좋은 엄마와 아빠를 둔 자녀는 눈에 띄게 손재주가 좋습니다. 자녀가 무엇을 잘하는지 알고 싶다면 부모님과 자녀가 나란히 앉아 각자가 무엇을 잘하는지 적어 보고 공통적인 것이 무엇인지 대화를 나눠 보면 좋습니다. 자녀를 있는 그대로 인정하게 되어 훨씬 좋은 관계를 유지하게 됩니다.

> 질문1 **엄마가 가진 강점**(남들보다 강하게 잘하는 것) **5가지가 있다면?**
>
>
>
>
>
> 질문2 **아빠가 가진 강점**(남들보다 강하게 잘하는 것) **5가지가 있다면?**

질문3 청소년인 내가 가진 5가지 강점은?

.

질문4 청소년인 내가 진정 되고 싶은 모습이 있다면?

강점을 적어 보면 신기한 것을 알게 됩니다. 내가 가진 강점이 부모님, 혹은 할머니, 할아버지, 외할머니, 외할아버지 등 친척들의 강점이 나열되는 것을 알게 됩니다. 내가 누구와 비슷한 습관을 가지고 생활하고 연습하느냐에 따라 앞으로의 진로에 많은 영향을 미치게 됩니다.

인간은
스스로 Wholistic
답을 Resourceful
창조 Creative 할 수 있다.

- 국제코치협회(ICF) 코칭 철학

모든 사람은 창의적이고 스스로 해결할 수 있는 충분한 자원을 가지고 있으며 온전한 존재라 믿는다.

part 25

기대가 크면 실망이 커요

딸 아이가 초등학교 6학년 때 키는 크지만 달리기를 꼴등 하는 것을 보면서, 남들 두 번 뛸 때 한 번 뛰면 되는데 어째서 꼴등을 하는지에 대해서 가족 대화를 나눈 적이 있습니다. '아빠가 학교 다닐 때 달리기를 잘하지 못했다'는 이야기를 듣고서 우리는 더 이상 딸아이의 달리기 꼴등에 대한 이야기를 하지 않았습니다. 아이도 달리기 꼴등으로 인한 스트레스가 있는데 강요해서 될 일이 아니라는 것을 알게 된 것입니다.

엘리트 엄마는 엘리트 딸과 아들을 원하지만…

저는 학창 시절에 전교권에서 공부 잘하기로 소문난 사람이었어요. 그래서인지 중학교 다니는 딸과 고등학교 다니는 아들이 공부를 잘하는 편이예요. 얼마 전 중학교 다니는 딸 담임 선생님을 만났는데 '아이가 머리는 좋은 데 비해 공부를 안 한다'고 말씀해 주셨어요. 아들과 딸아이는 늘 아쉽게 성적을 받아 와서 자주 공부하라고 다그치는 것 같아요. 저에 비해 아빠는 운동을 좋아해서인지 아들과 딸에게 태권도를 열심히 하라고 강요해서 힘들어요.

-47세 엄마

"내 자녀는 이래야 한다."
"내 제자는 이래야 한다."

기대와 기준치가 높으면 실망을 많이 하고 화가 납니다.

화가 나 있는 사람들의 특징은 기준치가 높게 설정되어 있을 가능성이 높습니다.
"높은 점수를 받고도 부모님에게 혼난 적 있나요?"

남학생 A   영어 98점 받았다고 엄마한테 혼났다는 얘기를 했더니 친구들이 너네 엄마 진짜 이상하다고 하는데 반박하고 싶지 않았어요. 이번 기말고사 영어 시험 엄청 어려웠는데…

여학생 B   저도요. 수학 2개 틀려서 엄마에게 혼났어요. "좀 똑바로 문제 읽고 실수하지 말았어야지…"

남학생 A   저는 수학 70점 받다가 85점 받아서 엄청 칭찬받았
            는데…

여학생 B   저희 엄마는 성적보단 제가 좋아하는 그림 그리는
            거 집중하라고 스트레스 안 주시는데…

"나의 기준치와 기대치를 알아야 상대방을 이해할 수 있습니다."

물론 자녀와 제자들이 점수를 잘 받는 것도 중요하지요. 하지만
시험 공부하느라 애쓴 자녀(학생)들에게 "수고했다."라는 대화가
먼저 필요하지요. 공부가 다가 아니고 자녀(학생)들이 진정으로 원
하는 것이 무엇인지 존중해 주고 물어봐 주는 비폭력 대화가 필요
합니다.

"요즘 어떻게 지내나요?"
"운동을 잘한다고 하던데… 앞으로 하고 싶거나 도전해 보고 싶
은 것이 있나요?"
"수학 시험을 잘 봤던데 비법이 있나요?"
"요즘 흥미가 느껴져 배우고 싶은 게 있나요?"

자녀들이 잘하는 것을 보아 주시고, 더 잘할 수 있도록 적극적으
로 들어주는 대화와 인정 그리고 지지가 필요합니다.

질문1 무슨 일을 할 때 나의 기준치는 어디에 설정되어 있나요?

질문2 공부를 생각할 때 내가 정한 기준치는 어느 정도로 설정되어 있나요?

part **26**

예뻐지고 싶어요

존칭어를 사용하고 있는 우리 가족 사례입니다. 중학교 1학년 딸아이 책상을 정리하다가 아래 서랍에 상자로 덮어 놓은 것이 보여 궁금해서 열어 보았더니 화장품이 나란히 줄지어 있었는데 그 수가 너무 많아 당혹스러웠어요. 딸아이가 학교갈 때 선크림만 바르고 다니는 줄로만 알았어요. 초등학교 때 좋은 피부를 가진 청소년들에게 화장품이 좋지 않다는 것을 교육을 통해 배웠다고 해서 약간은 안심을 했었거든요. 그리고 청소년기에는 화장품 안 바르는 게 가장 이쁜 거라고 여러 번 얘기해 준 것 같은데⋯ 조금 당황스럽기도 하고, 화장품이 필요하면 맨 먼저 엄마에게 얘기하면 함께 준비해 주기로 얘기했는데 화장품을 보니 속상하기도 하고 서운해서 학교를 다녀온 딸아이와 진지하게 대화를 나눠보았습니다.

엄마	서랍 속에 화장품이 많이 있던데 어떻게 된 거예요?
딸	사실은요, 초등학교 친구들도 비비하고 틴트(Tint)를 바르고 다녔는데요, 저는 안 바르고 다녔잖아요. 저는 안 바르고 다니고 싶은데… 주말에 친구들을 만나 중심 상가에 있는 가게에 가면 화장품 친구들이 1+1 사서 나눠 가지다 보니까 저도 화장품이 늘어나게 되었어요. 저는 아직 틴트(Tint)는 안 발라요. 살짝 선크림하고 비비크림하고 립밤(lip balm)만 발라요. 솔직하게 미리 말씀 안 드려 죄송해요.
엄마	그랬군요. 친한 친구들하고 화장품 가게도 갔었고 화장품도 나눠 가지고 있었군요. 지금은 선크림과 비비크림, 립밤만을 쓰고 있고요. 그런데 서랍에 있는 화장품은 다 뭐에요?
딸	죄송해요. 아주 싸고 안 좋은 화학물질이 들어간 것은 되도록 안 사려고 했어요. 그리고 용돈 아끼려고 친구들보다는 많이 안 샀어요. 친구가 1+1이니까 준 것도 여러 개 있어요. 그렇지만 많이 쓰지는 않았어요. 엄마가 걱정하실 것 같아서… 그러니까 속상해 하지 마세요. 그리고 저도 사실 화장품 가지고 있는 것이 들킬까 봐

마음이 불편했어요.

엄마 그랬군요. 엄마에게 화장품 여러 개 가지고 있
다고 솔직하게 말 못해서 마음이 불편했군요.
친구들이 지난번 우리 집에 놀러 와서 "화장하
고 싶어."라고 하는 말을 들은 것 같은데… 진
짜 화장한 적 없나요?

딸 사실은 우리 집에 친구들이 놀러 와서 제가 가
지고 있는 화장품으로 화장해 본 적 있어요. 저
는 아직 잘하진 못하구요. 친구들은 화장 진짜
잘해요. 그래서 저도 몰래 연습은 해 봤어요. 그
렇지만 밖에 나갈 때와 단속이 심한 학교에는
선크림과 비비크림하고 립밤만 살짝 바르고 다
녀요. 진짜에요.

엄마 선크림은 자외선을 차단하므로 바르는 거 인정
할게요. 비비크림과 립밤을 바르는 이유가 있나
요?

딸 여학생 친구들은 거의 다 발라요. 저 혼자 안 바
르면 이상하잖아요. 혼자 까맣다고 친구들이 놀
려요. 입술도 안 바르면 환자 같다고 그러고….
그래도 저는 틴트는 안 발라요. 틴트 바른 애들
은 입술에 착색되어서 선생님들한테 엄청 혼나
고 있어요. 저는 걸릴 정도로 심하게 화장하진

않아요. 그러니까 엄마가 저랑 화장품 가게 같이 가 주시면 안 될까요? 저도 학교에서 발라도 되는 립스틱을 갖고 싶어요.

엄마 알겠어요. 솔직하게 말해 줘서 고마워요. 주말에 같이 화장품 가게 가도록 해요.

엄마들은 청소년기에 싱그러운 자녀의 피부를 지켜주고 싶어 가벼운 스킨로션과 선크림만 발라도 충분히 예쁘다고 수없이 말해 주었지만, 청소년기에 있는 아이들은 친구들과 상호 교류와 친밀도를 높이는 것으로 화장품이 이용되고 있는 것을 보면서 아이들이 어른들의 세상에 빨리 적응하고 있다는 것에 놀랍습니다.

얼마 전 유명 패션 잡지에서 젊은 모델 얼굴에 잔뜩 기미를 만들어 패션 화보를 만들었습니다. 젊은 모델들에게 주어진 주근깨는 미워 보이지 않고 오히려 활발해 보였습니다. 청소년기에는 바깥 활동을 많이 해서 얼굴이 까무잡잡하거나 주근깨가 있어도 예뻐 보입니다.

자신감을 가지세요. 청소년 여러분들!

진짜 아름다운 것은 꾸미지 않아도 아름다운 젊음이고, 싱그러움이란 걸 청소년들은 모르거나 잊어버린 것 같아 안타깝습니다. 싱그러움을 숨기려고 화장하는 것은 나, 친구, 나를 아는 사람들, 화장품 회사 중에서 누구를 위한 화장일지 생각해 볼 필요가 있지 않을까요?

　대화를 통해 화장을 한 자녀 혹은 학생이 무엇 때문에 화장을 하는 것인지를 이해한다면 화를 내거나 혼낼 필요가 없습니다. 청소년이 원하는 것을 이해해 주고 공감해 주면 아이들 스스로가 절제하는 것을 알게 됩니다. 무턱대고 혼내거나 나무라지 마시고 아이들과 대화를 나눠 주세요. 청소년들이 학교 진로를 준비하고 있는 것인지 아니면 유행 따라서 친구들의 권유를 통해서 혹은 콤플렉스를 줄이려고 화장을 하는지 진로를 준비하는 학생도 진로와 생활의 구분이 되면 학교생활에서 문제가 될 게 없게 되겠지요. 때와 장소에 맞게 생활하는 품격 있는 청소년 여러분을 응원합니다.

part 27

화성과 금성의 거리는 멀어요

여학생과 남학생은 생각하는 것과 표현하는 것이 다르며, 요
즘은 성장이 빨라 초등학교 4학년이 되면 사춘기에 들어가
는 경우가 많습니다. 성장의 시기가 달라 표현법이 다르기에 오해
를 사는 경우도 있습니다.

학교 복도를 지나가는데 중2 남학생 한 명이 뒤에서 복
도를 지나가는 머리 긴 여학생의 머리를 쓰다듬는 게 보
였어요. 이에 화들짝 놀란 여학생은 뒤를 돌아보지 않은
채 그동안 배운 태권도로 뒤 후려치기를 해서 그 남학생
이 넘어졌어요.

코치   (남학생에게 다가가며) 괜찮아요? 무슨 일인가요?
여학생 얘가 제 머리 만지는 게 너무 싫고요. 많이 놀라서

	그만 발로 찼어요.
남학생	나는 친구가 귀여워서 머리를 만진 것인데요.
코치	(두 학생을 바라보며) 여학생 친구가 머리 만지는 것을 싫어하는 군요. 그런데 발로 친구를 차서 넘어뜨리는 건 지나친 것 같아요.
코치	(남학생에게) 여학생 친구가 머리 만지는 것을 싫어한다고 많이 놀랐다며 뭐라고 말해야 하나요?
남학생	머리 만져서 놀라게 해서 미안해!
여학생	다음부턴 머리 만지지 말아 줄래? 나 머리 만지는 거 아주 싫어하거든. 나도 발로 차서 미안해.
남학생	알았어, 다음부턴 머리 안 만질게…

　남자와 여자 그리고 사람마다 표현법이 많이 다릅니다. 남학생 친구들은 호감 가는 여학생에게 터치를 하는 경우가 많은 편입니다. 위의 사례도 나중에 남학생을 불러서 머리를 왜 만졌는지에 대해 물어보니까 "좋은 감정이 있어서 만진 건데 너무 싫어해서 당황했다."라는 이야기를 들었어요. 남학생들은 관심이 없으면 아예 상대를 하지 않으려고 하지요. 물론 남학생이라고 다 같은 것은 아닙니다. 여학생 중에도 터치를 좋아하고 옆 친구와 대화 나눌 때

"어머, 어머!" 하며 치는 친구들도 있지요. 같은 행동을 해도 누군가는 좋아하고 싫어하는 것은 각자가 가진 가치관과 습관이 되어 있는 행동이 달라서입니다. 내가 편하게 생각하는 것이 누군가에게는 낯설고 불편할 수 있다는 것을 이해해야 합니다.

남과 여의 다름, 사람마다 다르게 느낄 수 있다고 생각하는 마음의 여유가 필요합니다. 상대방이 싫다고 말하면 바로 인정하고 사과하는 센스가 필요합니다.

주말 오후 자녀들 간식으로 단호박을 쪄주기 위해 껍질을 벗기려다 칼이 빗나가 엄마 오른쪽 가운뎃손가락을 다치고 말았어요. "아… 악!" 하는 엄마의 비명을 듣고 주방으로 달려온 아들과 딸의 반응은?

딸	엄마 괜찮아요? 피나요. 많이 아프죠? 어떡해요!
아들	손가락은 괜찮죠? 피나면 꾹 눌러서 지혈하세요. 생각보다 많이 안 다쳤네요. 너무 걱정하지 마세요.

딸은 엄마의 고통을 느끼며 걱정해 주는 반면 아들은 문제를 파악하고 해결해 주려는 말을 합니다. 둘 다 틀린 표현은 아니지만 들

는 사람은 다르게 느끼게 되지요. 딸아이는 다친 엄마의 손가락을 보며 같이 아픔을 느끼지만, 아들은 어떻게 하면 빨리 치료할까를 고민합니다. 둘 다 엄마를 위해 말해 주고 있는 것이지요. 남자와 여자는 타고난 뇌가 다르기에 사용하는 말과 행동이 달라 대화 패턴을 이해해야 오해를 줄일 수 있습니다.

늦은 저녁, 학교와 학원을 마치고 집에 온 아들이 피곤함이 역력한 얼굴로 딸과 이야기를 나누고 있는 식탁으로 다가왔어요. 아들이 자신과 잠시 대화 나눌 것을 요청했어요. "학교에서 수행평가조가 만들어져 학원 마치고 토요일에도 모여서 연습을 해야 하는데 친구들이 일정 맞추는 데 비협조적이어서 엄청 힘들다"는 얘기였어요. 옆에 앉아 있던 딸이 저를 대신해서 공감 대화를 시작했어요.

오빠	학교에서 체육 수행평가 조가 정해져서 친구들이 모두 모여서 아이디어도 내고 연습도 해야 하는데… 다들 바쁘다고 일정 정하는데 협조를 안 해. 아까도 학원 마치고 저녁에 잠깐 만나기로 했는데… 반밖에 안 나왔어요. 그래서 대충 얘기 나누다 들어왔어요. 2주 이내에 준비를 끝내야 하는데… 엄청 짜증 나.

여동생	오빠 진짜 힘들고 짜증 나겠다. 체육 수행평가 잘 하려고 하는데 친구들이 협조를 안 하면 진짜 화나지? (감정 맞추기-공감)
오빠	그러니까 팀 워크를 요하는 건데… 혼자 다 짤 수도 없고… 아 힘들어! 중학교에 단체 수행이 왜 이렇게 많은 거야. 체육 선생님한테 건의해서 개별 수행평가로 바꿔 달라고 하고 싶다. (찬성을 요함)
여동생	그러니까 개별 수행평가 하면 좋을 텐데… (오빠 의견에 찬성)단체로 수행평가 할 때 아무것도 안 하려는 친구들 진짜 얄미워. 같이 해주지도 않고 할 때도 대충해서 전체 평가 나쁘게 나오게 하고… 너무한 것 같아, 그치 오빠?
여동생	그러니까 같이 준비하고 함께 해주면 서로 좋을 텐데… 걔네들은 왜 만사 귀차니즘인 걸까?

위 사례를 보고 느낀 점이 있나요?

남, 여의 차이가 확연히 나더라도 대화를 꾸준히 하면 서로가 원하는 대답을 해 주게 됩니다. 화성과 금성의 거리마저 가깝게 만들어 주는 비폭력 대화입니다.

part 28

감성적인 엄마와 이성적인 아빠

엄마와 아빠의 대화를 자세히 들여다보면 성향적 특성을 알 수 있게 됩니다. 여성성이 강한 엄마는 공감하며 들어주기를 원하는 감성적인 대화를 원합니다. 물론 여성이라고 다 같지는 않습니다. 아빠들은 엄마나 가족들의 이야기를 듣고 나면 문제를 해결해 주고 싶어하는 이성을 많이 씁니다. 같은 이야기를 해도 좀처럼 만족스러운 대화가 어려운 이유입니다.

아래 엄마와 아빠의 대화를 읽어보면 그 이유를 알게 됩니다.

> **엄마**　친구가 필요한 게 있다고 며칠째 여기저기 알아보고 자료를 준비해 주었는데… 글쎄 그걸 전혀 사용하지 않았다고 하네요. (속마음 - 내가 애써서 찾아준 자료를 몰라라 해서 서운하고, 며칠을 고생했는데 알아주지 않아 속상해요! = 감정을 읽어 주세요. '공감'해 주세요.)

아빠 그런 친구랑 만나지 마요. 남의 도움을 받을 자격
이 없는 사람을 만나서 피곤하게 살지 말고….(그
문제는 내가 한 번에 해결해 주겠소! = '신뢰'를 가지고 나를 믿
으시오.)

엄마 … 네? 친구와 인연을 끊으라는 말이에요? 이 정도
일로?

아빠 피곤하게 하는 친구 한 번에 정리되니 좋지 않아
요? (문제 해결 능력 = 인정)

엄마 제가 원한 건 "친구 일로 속상하겠네. 자료 준비
하느라 며칠을 애썼는데…" 하고 공감해 주는 거
였어요. 저에게 "친구로 인해 많이 속상하군요."
하고 공감해 주실 수 있나요?(내 감정 찾아서 상대방에
게 요청하기)

아빠 친구에게 많이 속상하군요. 자료를 찾느라 며칠이
나 고생했는데 사용도 안 하고 고맙다고도 안 해
서….

엄마 네, 말해줘서 고마워요. 내가 몇 날 며칠을 자료
찾고 알아봐 준 건데… 몰라 주니 정말 속상하네
요. 친구 만나면 많이 서운했다고 말해야겠어요.

216

남자와 여자의 대화를 유심히 들어보면 확연히 다른 것을 알 수 있어요. 남, 여 차이는 틀린 것이 아니라 다른 것이라는 것을 기억하고 상대방이 모르면 방법을 알려주며 "~해 주실 수 있나요?"라고 요청하고 수락해 주면 한결 관계가 좋아집니다. 남, 여가 많이 다르다는 것을 몰라 실수하시는 분들이 많습니다. 상대방이 내가 원하는 방향으로 감정 교류가 되지 않을 땐 기린의 연민(가엽고 불쌍한 마음)의 마음으로 너그러이 부탁해 주세요.

앞서 1부에서 '현재 나에게 가장 중요한 것은?'을 통해 12가지 감정의 욕구 부분을 다루었습니다. 자신이 원하는 것이 무엇인지 알아야 진정으로 원하는 삶을 살 수 있게 됩니다. 혹시 1부에서 체크되지 않았다면 꼭 자신이 원하는 것이 무엇인지 알아보세요. '자기 존중'이 우선되어야 비폭력에 이를 수 있습니다.

자기를 먼저 존중해야 타인을 존중할 수 있게 됩니다. 각자가 가진 별빛이 빛날 수 있도록 서로 다름을 존중해 주어야 할 때입니다.

part 29

학교에서 서로 돕고 살아요

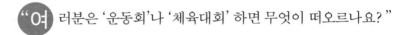

"**여**러분은 '운동회'나 '체육대회' 하면 무엇이 떠오르나요?"

학생들   "우리 반 티셔츠를 맞추고 목청 높게 응원을 해요.",
         "피켓을 만들고 즐거운 추억이 떠올라요.", "운동회는
         힘들어요."

사례

20년 전 운동회가 있었던 날, 6학년 남녀 학생들은 달리
기를 위해 줄을 섰습니다. 잠시 후 "땅!" 하는 소리와 함
께 6명의 친구들이 열심히 팔을 휘저으며 달려서 저만치
땅에 놓여 있는 종이를 한 장씩 주워서 읽습니다. 쪽지에
적혀 있는 어른들을 찾아 함께 힘을 합해 달리는 경기입
니다.

"모자 쓴 남자분과 손잡고 달리세요.", "학교 선생님 한 분을 찾아서 함께 달리세요."라고 적힌 종이를 집은 친구들은 글씨에 맞는 사람을 찾으려고 주변을 살피느라 분주합니다.

"모자 쓴 남자분과 손잡고 달리세요."가 적힌 종이를 든 여학생은 연신 모자 쓴 어른들을 찾아가 같이 달려가자고 하지만 모두 거절합니다. 결국, 그 여학생은 꼴찌는 물론이거니와 다음번 달리기를 하는 친구들에게도 미안할 정도로 늦게 골인 지점으로 터벅터벅 걸어갑니다. 너무 늦게 골인 지점에 걸어가다 보니 뒤에 뛰는 친구들 경기에 방해가 되었다며 선생님께 꾸지람을 듣게 됩니다.

이 운동회 날 즐거운 놀이를 생각했던 이 여학생은 씻을 수 없는 상처를 받게 되었어요. 도착 지점에 늦게 온 여학생은 창피함과 외로움에 자리에 앉아 펑펑 울었어요. 아무도 나와 함께 달려 주겠다고 손을 내밀어 주는 어른들이 없어서 속상했어요. 늦게 들어오고 싶어서 늦은 것이 아닌데 사정을 물어보지도 않고 경기에 방해되었다고 혼내신 선생님이 더 미워서 펑펑 울었어요. 그때 펑펑 울던 그 여학생이 저입니다.

그리고 3년 전, 아들 초등학교 운동회가 있어서 학교에

갔습니다. 마침 아들이 다니는 학교에서 20년 전에 제가 고통받았던 '쪽지에 적힌 글을 찾아 어른들과 함께 뛰는 경기'를 하더군요. 한 남학생이 저에게 뛰어와서는 종이에 적힌 글씨를 보여주었어요. "안경 쓴 아주머니 손잡고 달리세요."라는 글씨가 종이에 적혀 있었습니다. 저는 학생 손을 얼른 잡고 내달려 주었습니다. 등수는 상관없습니다. 그저 어른들로 인해 그 학생이 상처받지 않았으면 하는 마음으로 최선을 다해 달려 주었습니다.

어른들이 아이들의 마음을 다치지 않게 몸소 행동으로 실천해 주셨으면 좋겠습니다. 저는 이날 4번이나 학생 손을 잡고 달려서 몸은 힘들었지만 어릴 때 다친 마음의 상처를 치유할 수 있었습니다.

- 45세 엄마

'나만 생각하지 말고 우리를 생각하며 더불어' 행복하게 살아갔으면 좋겠습니다.

5학년 수업 시간에 '친구에게 느껴지는 긍정적 단어 포스트잇 붙여 주기' 시간이 있었습니다. 모둠별 6명 친구들이 앞으로 나와 줄을 서 있으면 나머지 친구들이 포스트잇에 친구 한 명 한 명에게 긍정적 느낌 단어를 붙여 주는 시간입니다.

　자존감이 낮은 친구는 풀이 죽어 있다가 친구들이 긍정적 단어를 써서 붙여 주자 연신 신나 하며 행복해하는 모습을 보게 되었습니다. 혼자서 쓸쓸해하던 친구는 이 일로 친구들이 더 이상 나를 좋아하지 않는 아이가 아니란 걸 느낀 듯 미소 가득한 모습이었답니다.

　잠시 뒤 3모둠 친구가 나왔는데 한 친구가 다리를 다쳐서 목발을 짚고 나왔어요. 장난기 심한 남학생 친구들은 등 뒤에 또는 친구가 몸을 구부릴 수 없어 포스트잇을 뗄 수 없는 다리에 붙이고 자리에 들어가 버렸어요. 이에 남학생은 "뭐야… 이렇게 붙여 놓으면 어떻게 해!" 하며 당황스러워했습니다.

잠시 뒤 어여쁜 여학생이 몸을 낮추며 "내가 도와줘도 돼?" 하며 다가가 앉아 친구들이 장난으로 붙인 포스트잇을 떼어서 친구에게 전해 주었어요. 활짝 웃는 남학생과 웃으며 친구에게 몸을 낮춰 도와주는 모습은 천사 같은 모습이었답니다.

두 친구의 모습을 유심히 비폭력 대화로 관찰, 느낌, 필요(욕구), 부탁(요청)으로 풀어볼게요.

여학생 관찰	"뭐야, 이렇게 붙여 놓으면 어떻게 해."
	(하며 소리치며 괴로워하고 있는 남학생이 보인다.)
여학생 느낌	친구들의 장난으로 난처해하는 친구를 보니 안타깝고 불쌍하게 느껴진다.
여학생 욕구	내가 안타깝고 불쌍한(연민의 마음) 친구를 도와주어야겠다.
여학생 부탁(요청)	"내가 도와줘도 돼?"

활짝 웃는 남학생과 웃으며 친구를 돕는 모습은 어려움에 처한 친구를 모른 척하지 않고 먼저 손 내밀고 도와주는 참 모습이 필요합니다. 누군가가 괴롭히고 혹은 장난으로 인해 고통받고 있다면 안타깝고 불쌍한(연민) 마음이 느껴집니다. 이때 외면하지 말고 다가가 손을 내밀어 주는 멋진 청소년이 되었으면 좋겠습니다.

part **30**

가정에서도 서로 도와줘요

무 더운 여름, 엄마는 가족들 보양식 만드느라 땀을 뻘뻘 흘리며 주방에서 찹쌀과 약재, 그리고 대추를 품은 삼계탕을 끓이면서 저녁 반찬을 만들고 있어요. 이 더운 날 가족들 잘 먹을 수 있도록 뜨거운 닭을 이리저리 돌리며 일일이 살을 발라 접시에 담아줍니다. 쉬고 있던 식구들은 식탁에 앉아 밑반찬과 잘 차려진 음식을 보며 한마디씩 하며 자리에 앉습니다.

딸	우와, 삼계탕 맛있겠어요!
아들	난 삼계탕 안 좋아하는데…
아빠	역시 여름에는 삼계탕이지!
엄마	닭이 너무 뜨거워서 살 발라 놨으니 맛있게들 먹어요.

엄마는 더운 날씨와 주방의 뜨거운 열기로 머리에서 얼굴로 땀이

주룩주룩 흘러내립니다. 아무도 식탁에 음식 차리는 것에 관심이 없고 혼자서 음식을 장만하는 엄마는 힘들다는 느낌이 강하게 느껴집니다. '누군가가 도와주면 한결 수월할 텐데…'

엄마	아들, 딸… 식탁 차리는 거 도와줄 수 있나요? 혼자서 차리려고 하니까 날씨도 덥고 너무 힘이 드네요. 누가 좀 도와줄 수 있어요?
아들	네, 제가 도울게요. 식탁에 수저와 개인 접시는 제가 준비할게요.
딸	그럼 저는 냉장고에 있는 반찬을 꺼내올게요.
아빠	나는 무거운 냄비를 식탁으로 옮겨 줄게요.

서로 서로 도와주니 금세 식탁이 차려지고 모두가 같은 시간 같은 자리에 앉아 맛있는 삼계탕을 함께 먹을 수 있었어요. 엄마는 철인이 아니에요. 가족 서로에게 필요한 게 무엇인지 물어봐 주고 도와주는 따스한 가정이 되었으면 좋겠습니다.

딸	엄마, 학교 숙제 프린트해야 하는데… 블랙잉크와 컬러 잉크가 다 되었어요. 퇴근하실 때 잉

	크 좀 사와 주실 수 있어요?
엄마	당연히 되죠. 퇴근이 8시 넘어야 하는데 시간 괜찮나요? 잉크 말고 집에 가서 숙제 도와줄 거 있나요?
딸	아니요. 혼자서 할 수 있어요. 블랙, 컬러 잉크 두 개 꼭 사와 주시면 돼요.
엄마	알겠어요. 꼭 사 가지고 집에 갈게요. 이따 만나요.

가족들에게 부탁을 할 때도 명령보다는 상대방이 수고한다는 것을 인식하고 정중하게 부탁해야 합니다.

가족이라고 명령하면 마음을 다칩니다. 부모님도 존중받으면 더 기분 좋게 여러분이 원하는 것을 준비해 주실 테니까요.

part 31

지역사회에서도 도우며 살아요

세 상을 살아가려면 나와 더불어 이웃들의 도움이 없으면 곤란한 경우가 생겼을 때 몹시 당황하게 됩니다. 초저녁 어둑 어둑할 때쯤 초등학교 4학년 외동아들을 둔 친한 이웃의 전화를 받게 되었어요. 아래층에 사는 이웃이었는데 전자도어록이 고장이 나서 잠시 열쇠를 사용하는 중이었어요.

"미안한데요. 우리 아들이 집 열쇠를 잊어버려 집에 못 들어가고 있대요. 현관 앞에서 쭈그리고 앉아 30분이나 있었대요. 애가 '엄마 언제 오냐'며 자꾸 울어서 걱정이 돼요. 우리 집에 가서 아들 좀 데리고 와서 2시간 정도만 돌봐 줄 수 있어요? 남편도 늦는다고 하고, 저는 2시간 뒤에 집에 갈 수 있어서요."라는 이웃집 엄마의 애타는 전화였어요.

"애가 울어서 걱정되시겠네요. 제가 얼른 가서 아들 데리고 와서 돌보고 있을게요. 참, 아들한테 제가 데리러 간다고 전화 미리 해 주시겠어요? 아들 놀라지 않게요."라고 통화 후 얼른 가서 이웃의 아들을 데리고 와 돌봐 준 기억이 납니다."

- 50세 엄마

예전의 우리 조상들은 자녀를 많이 낳았고 친인척이 가까이 살아 아이를 키우는 게 그리 힘들진 않았습니다. 누나, 형, 고모가 한 동네에 있다 보니 아이 맡길 곳도 많아 "애 키우는 건 일도 아니다."라는 어른들이 말을 지금도 가끔 듣습니다.

그런데 현 시대를 살펴보면 친척들은 뿔뿔이 떨어져 살고, 이웃집과의 교류도 적어 오죽하면 "이웃집에 누가 사는 지도 모른다."라는 얘길 공공연히 듣고 사는 요즘입니다.

혼자보다는 이웃과 지역사회에서 함께 나누며 살아야 더 큰 행복을 누린다는 것을 알고 실천할 때입니다.

"일을 마치고 퇴근을 하면서 아파트 지상 주차장에 주
차를 하고 있었어요. 갑자기 소나기가 쏟아지더군요. 차
에 마침 우산이 있어 펼치며 내렸더니 근처 고등학교 남
학생 한 명이 하굣길에 갑자기 내리는 비에 놀라 빠른 걸
음으로 지나가는 게 보였어요. 비가 많이 오는데도 아파
트 안쪽 비 피할 수 있는 곳으로 대피하지 않는 걸 봐서는
이 아파트에 사는 학생이 아니고, 집에 빨리 가기 위해 지
름길로 지나가는 학생이란 걸 알 수 있었어요. 중학교에
다니는 아들 생각이 나서 저는 달려가 남학생에게 우산을
건네주며 "학생 비 많이 오니까 이 우산 쓰고 가요." 하며
남학생 손에 우산을 쥐어주었습니다. 남학생은 연신 "고
맙습니다, 고맙습니다."를 말하고는 우산을 받아 들고 뒤
돌아 인사를 하며 걸어갑니다. 우산을 주고 나니 나의 옷
은 많이 젖었지만 마음은 따뜻해졌습니다."

- 47세 아빠

이웃을 위한 작은 베풂이 더 행복하고 건강한 지역사회를 만들어
줍니다.

혼자보다는 함께 나누며 살아야 더 큰 행복을 누린다는 것을 알
고 실천할 때입니다.

예전에 아파트 위층에 사시는, 지나친 소음을 내고도 미안함이 조금도 없는 무례한 이웃을 만나 너무 힘들어 결국 이사를 하게 되었어요. 이사하면서 이웃이 무례하지만 않으면 '위층에서 무엇을 해도 이해하며 정답게 지내야지' 하고 다짐했어요. '어른들의 다툼은 아이들에게 나쁜 영향을 주니 이해하며 정답게 살자'는 생각으로 마음을 다잡았어요. 이사를 하고 저녁때 떡을 돌리느라 위, 아랫집을 방문하게 되었어요. 위층 아주머니께서는 반갑게 맞아주시며 "딸아이가 고3이라 음대를 준비하고 있어 피아노를 많이 칩니다. 양해 좀 부탁드릴게요."라며 미리 양해의 말씀을 해 주셨어요. "아…! 네, 알겠습니다." 하고서 떡을 다 돌리고 집에 돌아오니 위층에서 엄청나게 피아노 치는 소리가 들렸어요. 아마추어라고는 볼 수 없는 엄청난 실력의 피아노 연주 소리에 중간 방에선 귀가 먹먹할 정도였지요.

　자세히 피아노 연주 시간을 체크해 보니 조금은 늦은 초저녁에 학원 마치고 집에 와서 입시 준비차 1시간 정도 연습하는 것이 느껴졌어요. 생각보다 소음이 커서 '너무 시끄럽다고 학원에서만 치라'고 말하고 싶은 마음이 굴뚝같았지만 양해를 구하신 위층 엄마와 입시를 준비하는 딸의 일생이 달린 중대한 일이었기에… 아이들과 남편에게 1시간 정도는 음악 감상한다고 생각하고 몇 달을 참아주었어요. 그해 다행히 위층 딸은 원하는 음대에 합격하게 되었지요. 위층 '딸이 음대를 합격했다'는 소식을 듣는데 그동안 잘 참고 들어준 우리 가족들도 함께 기쁨을 나눌 수 있어 좋았습니다. 만약 피아노 소리가 시끄럽다고 집에서 못 치게 하고 음대에 떨어졌다면 아마 원수 같은 이웃이 되었겠지요. 다행히 서로 이웃끼리 배려해 주었더니 기쁜 소식을 공유하게 되어 기뻤습니다.

- 39세 엄마

"한 아이를 키우려면 온 마을이 필요하다." - 아프리카 속담

아프리카 속담처럼 청소년 한 명을 키우려면 온 마을 사람들이 힘을 합쳐야 합니다. 대한민국 청소년들이 자신에게 소중하고 중요한 것을 알아내고 잘 지낼 수 있도록 온 마을 사람들의 따스한 연민의 마음이 필요합니다.

청소년 여러분들 주변에는 여러분이 잘되라고 응원과 격려해 주시는 가족들과 이웃, 친척들이 있을 거예요. 학교에서는 여러 과목 선생님들께서 나보다 더 나은 제자의 탄생을 기다리고 계시고요. 돌아보면 내 주변에는 내가 멋진 어른으로 성장하길 바라는 분들이 많이 계십니다. 어른들의 말씀을 부정적으로 해석하지 말고 깊이 관찰해 보면 그 따스함을 알게 됩니다. 그분들이 나에게 피와 살이 되는 이야기를 하고 계시다는 것을요. 어른들은 나에게 도움되는 말씀을 하고 계시지만 내가 그것을 부정으로 왜곡하면 서로에게 상처가 됩니다.

"윗집 애가 자기가 원하던 ○○대에 갔다는구나."라고 어른들이 무슨 말씀을 하실 때 이해되지 않으면 질문해 보세요.

"지금 하신 말씀이 무슨 뜻이에요?"라고 질문해 보세요.

윗집 애가 원하는 대학을 갔다는 얘기를 하고 싶으신 건지, 아니면 너도 그 대학을 가라는 건지, 그것도 아니면 너는 어느 대학 갈래? 하고 묻는 것인지 질문을 통해 속마음을 나눌 수 있도록 해야 합니다. 서로 오해하고 속상해 하지 말고 이해가 되지 않을 때에는 코칭의 핵심 '질문'을 통해 서로가 원하는 것이 무엇인지 알고 대화를 나누어야 평화에 이르기가 쉽습니다.

"진정으로 원하는 것이 뭔지 말해 줄 수 있나요?"

청소년들이 건강하고 올바르게 성장하기 위해서는 가족들과 가까이에서 영향을 주는 선생님들과 친구들의 따스함이 있어야 합니다. 그 깊고 따스한 사랑을 받기 위해 청소년은 어떻게 행동하고 말해야 할까요?

고요하고 평화로워지는 것은 누구에서부터 시작되어야 할까요?

나에게서부터? 친구에게서부터? 부모님에게서부터? 선생님에게서부터?

> **질문1** ○○야, 오늘 하루 기분 어땠어(요)?
>
>
>
> **질문2** 네가 진짜로 (진정으로) 가장 원한 건 뭐였어(요)?
> (자기 스스로에게)

질문3 오늘 힘든 일 있었나요?

질문4 '너 지금 짜증 내는 진짜 이유가 뭐니(에요)?' 하고 자신에게 물어보세요.

서로 돕고 살기 위해서는 무엇보다 나에게 먼저 물어보아야 합니다. "지금의 나는 편안한가?" 화가 나 있다면 내가 왜 화가 나는지 나를 살피지 않으면 엉뚱한 사람한테 화풀이하게 됩니다. 수시로 나를 잘 살펴 주세요. 다른 사람을 돕기 위해서는 자기 관리가 제일 우선시되어야 합니다.

8

내 삶을 아름답게 살 수 있도록
진솔한 대화를 나눠요

Part **32**

솔직하게 말하기 연습

(대화에서 중요한 부분 – 앞말 생략하지 않기)

"**이** 시간은 주변에 계신 분들이 내 삶을 아름답게 살 수 있도록 솔직한 대화를 이어가는 방법에 대해 나눠 볼게요."

"제 이야기를 처음부터 끝까지 들어주시겠어요?"

청소년 상담과 코칭을 하다 보면 가장 많이 듣는 말이 부모님과 선생님들이 말을 끝까지 들어주시지 않고 화를 내시는 경우가 많다고 해요. 내가 무엇을 말하려는지 끝까지 듣지 않으시고 미리 화를 내시다가 나중에 미안하다고 사과하는 경우를 종종 듣게 됩니다.

남학생과 아빠

중간고사를 마친 아들이 퇴근하고 들어오는 아빠에게

아들   아빠, 나 오늘 영어 60점이에요.
아빠   뭐 한다고 영어를 60점밖에 못 받아. 그동안 학원 다닌 시간이 얼만데… 어이구, 누굴 닮아서 영어를 그것밖에 못 하니? 그 점수 받으려면 영어학원 당장 그만둬!
아들   아빠! 왜 내 말 끝까지 듣지도 않고 화를 내요. 중간고사 영어 만점은 60점이었는데… 아빠 너무해!

-14세 남자 중학생

"아빠와 아들의 대화를 들어 보니 어때요?"

여학생   저도 그런 적 있어요. 60점 만점인데 59점 맞았다고 얘기했다가 엄청 혼났던 적 있어요.

"어른들은 생각하고 판단하는 분들이 많아요. 오래된 경험이 사실이라고 믿기 때문에 판단하고 말해서 실수하는 경우가 많죠."

중요한 것은 우리나라 사람들은 주어를 생략하는 대화를 많이 사용해요. 말하는 '주체가 되는 말', 즉 주어를 빼고 말하면 상대방이 오해하게 되고 갈등을 불러일으키게 되죠.

위의 사례를 '솔직한 대화'로 바꿔 볼게요.

 남학생과 아빠

중간고사를 마친 아들이 퇴근하고 들어오는 아빠에게

아들   아빠 영어 중간고사 점수 나왔어요. '60점 만점'에 60점 받았어요.

아빠   오, 그래! 영어 60점 만점 받았구나. 그런데 점수가 왜 60점이야?

아들   영어 수행 말하기가 40점이라 중간고사는 60점이 만점이에요. (웃음)

어때요? 솔직하게 말하면 나도 좋고 듣는 사람도 오해하지 않고 좋게 느끼겠죠?

담임 선생님과 반 회장 학생

담임 선생님   반 회장, 교무실 가서 A4 용지 좀 가져올래?
반 회장 학생   네, 선생님.

교무실에 도착한 반 회장은 선생님께서 A4 용지를 가지고 오라고만 했지 어디에 쓰는 것인지, 몇 장이 필요한지 말씀을 안 하셨다는 게 생각났지만 번거롭게 또 교무실에 가기 싫어 뜯어져 있던 A4 용지를 상자째 들고 갔어요. 낑낑거리며 A4 용지 상자를 들고 오는 반 회장을 보고 담임 선생님 왈

담임 선생님   야, 회장! 그 무거운 걸 다 가져오면 어떻게 해?
반 회장 학생   선생님께서 몇 장 필요하다는 얘길 안 해주셔서 다 가지고 왔어요. (어색한 웃음)

어이가 없어 웃는 담임 선생님과 반 회장 학생을 보면서 느껴지는 게 있나요?

자, 이 대화를 진심이 통하는 비폭력 대화로 바꿔볼게요.

사례

담임 선생님	반 회장, 교무실 가서 A4 용지 좀 가져올래요?
반 회장 학생	네, 선생님. A4 용지 몇 장 정도 가져올까요?
담임 선생님	1인 한 장 정도 필요한데… 여분 좀 챙겨오면 더 좋지요. 대략 40장 정도면 좋을 것 같아요. 부탁해요.

반 회장 학생은 교무실에 들려 A4 용지를 헤아려 잘 챙겨서 빠르게 교실로 옵니다.

반 회장 학생	선생님, 부탁하신 A4 용지 40장 가져왔어요.
담임 선생님	(학생 어깨를 토닥이며) 빠르게 A4 용지 가져다 줘서 고마워요.

서로가 원하는 것을 이루려면 '질문'이 중간 소통 통로가 됩니다. 확인차 질문하는 습관을 가지면 오해로 인한 스트레스와 갈등을 줄일 수 있습니다.

part **33**

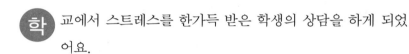

억울하고 분해요

학 교에서 스트레스를 한가득 받은 학생의 상담을 하게 되었어요.

사례 담임 선생님과 교실 열쇠 담당 학생

우리 반은 체육 시간과 점심시간에는 열쇠로 잠가 놓아요. 제가 밥을 빨리 먹는 편이라 열쇠 담당자가 되었어요. 어느 날 교실에서 가장 말썽 많이 피우는 ○○ 친구가 배가 아파 점심을 안 먹겠다며 열쇠를 달라고 했어요. 아무 생각 없이 열쇠를 맡기고 점심을 먹고 돌아왔는데… 교실문이 잠겨져 있는 거예요. 당황해서 열쇠를 맡긴 친구를 찾아 운동장을 살펴보고 여기저기 찾아 다녔어요. 점심시간은 10분 남았고 양치를 하려는 반 친구

242

들이 교실 문 앞에 서서 '빨리 문 열라!'고 소리치는 게 보였어요. 하지만 열쇠를 가지고 간 친구가 온데간데없고… 학교 종이 치자 부랴부랴 달려온 우리 반 말썽쟁이는 글쎄 열쇠를 어디에 뒀는지 모르겠다며 두 손을 드네요. 아! 열쇠 맡기는 게 아니었는데… 그 생각도 잠시… 담임 선생님이 이 소식을 듣고 오셔서는,

담임 선생님	이번 열쇠 담당 누구야?
열쇠 담당 학생	전데요. ○○가 배 아프다고 점심 먹으러 안 간다기에 열쇠를 맡겼어요. 근데 잃어버렸대요.
담임 선생님	너는 ○○가 사고친 게 한두 번도 아닌데 왜 열쇠를 맡겨?
열쇠 담당 학생	(머리를 숙이며) **죄송합니다.** (말은 하지만 억울함이 한가득 가지고)

결국, 열쇠고리를 급하게 뜯어내고 수업을 조금 늦게 듣게 되면서 이 일은 종료되었고, 그날 저녁 교실문은 전자 도어록으로 바뀌게 되었어요.

열쇠 담당 학생	화를 엄청 내시는 선생님을 보며 저는 너무 속상하고 억울했어요. 하지만 변명도 못하고 그 호된 꾸지람을 듣고 가만히 서 있었어요. 더 황당한 것은 선생님의 태도였어요. 저에게는 엄청 화내셨는데 열쇠를 잃어버린 ○○에게는 미소만 짓고 그냥 아무 말도 하지 않으시는 거 있죠?

교실 열쇠 담당 학생은 아직도 분이 안 풀린 것 같았어요.
"선생님께서 어떻게 대해 주었으면 좋았을 것 같아요?"

열쇠 담당 학생	열쇠를 잃어버린 ○○에게 열쇠 어떻게 했는지 물어보고 혼을 낼 때도 ○○를 혼냈으면 좋겠어요. 열심히 교실 열쇠 담당 봉사한다고 맨날 밥도 허겁지겁 먹고, 체육 시간에도 달려와서 문 여느라 고생하는데… 수고한다는 말 한마디 안 하시고 너무 서운해요. 그리고 내가 잘못한 일도 아닌데 나한테 화내시니까 억울하고 분해요.

코치	많이 억울하고 분하군요. 이 일이 있은 후 담임 선생님과 대화 나눠 본 적 있나요?
열쇠 담당 학생	아니요, 선생님과 대화가 안 돼요. 화가 너무 많은 분이라.

그럼 우리 비폭력 대화로 바꿔서 나눠 볼까요?

담임 선생님(코치)	이번 열쇠 담당 누구에요?
열쇠 담당 학생	전데요. ○○가 배 아프다고 점심 먹으러 안 간다기에 열쇠 맡겼어요. 근데 잃어버렸대요.
담임 선생님(코치)	○○가 열쇠 가지고 가서 잃어버렸어요?
열쇠 담당 학생	네, 그런데 가지고 다니다가 잃어버렸대요. 그래서 교실 문을 못 열고 있어요.
담임 선생님(코치)	(○○을 불러와서) ○○아, 점심시간에 가져간 열쇠 잃어버렸나요? 지금 수업 들어가야 하는데 교실 문이 안 열

	리니 우선 급하게 열고 수업마치고 얘기 좀 하고 가요.
열쇠 담당 학생	죄송해요.
담임 선생님(코치)	혼나는 것도 죄송하다고 말하는 것도 열쇠 잃어버린 친구가 직접 와서 말했으면 좋겠어요. 잘못은 ○○가 하고 혼은 친구가 나서 속상하겠어요.

가만히 들어 보면 교실 열쇠 담당 학생은 ○○가 말썽꾸러기인 친구지만 열쇠를 자기에게 맡기고 밥 먹고 오라고 해서 열쇠를 맡긴 것이기에 잘못한 일은 없습니다. 자주 말썽을 부리는 친구에게 열쇠를 맡겼다고 무작정 혼내시는 선생님의 마음을 이해하기 더 어렵습니다.

코치	담임 선생님은 무엇 때문에 ○○에게 화를 안 내신 것 같아요?
열쇠 담당 학생	음… 말썽 많이 피운 애를 왜 믿고 열쇠를 맡겨 수업에 방해되게 했냐고 그러셨어요. 저를 믿고 열쇠 담당 맡긴 건데… 제가 책임을 안 져서 화내신 것 같아요.

코치	네. 책임을 안 지는 모습 때문에 화내신 거군요. 담임 선생님의 모습은 어떠셨나요?
열쇠 담당 학생	"○○, 또 너냐?" 하는 표정이었어요. 그런데 제가 정말 화가 난 건 저를 엄청 째려보시면서 화를 내서 놓고 ○○에게는 웃으시는 거 있죠. 정말 이해하기 힘든 선생님 모습이었어요.
코치	잘못한 ○○에게는 웃으시고 친구에게는 화를 내셨군요. 이해하기 어려웠겠어요?
열쇠 담당 학생	네… 정말 황당하고 분해서 오후 내내 힘들었었어요. 이날 이후로 열쇠 담당자는 안 해도 돼서 다행이긴 했지만요. 계속 열쇠 담당하라고 했으면 아마 폭발했을 거예요.
코치	아! 폭발할 정도면 진짜 화 많이 났었군요. 그래도 다행히 교실 문에 전자도어락을 달아서 열쇠 담당 안 해도 좋고, 이제 점심 천천히 꼭꼭 씹어 먹고 체육 시간에도 여유 있게 되었네요. 열쇠 잃어버린 친구와 화를 내신 담임 선생님께 부탁하고 싶은 게 있다면?

열쇠 담당 학생   그러고 보니 다 나쁜 건 아니었네요.(웃음)

억울하고 분했던 일이 있으면 부모님, 선생님, 친한 친구와 깊은 마음의 대화를 나눠 보세요. 그래야 마음이 정리되고 평화의 길에 들어서게 됩니다. '나와 더불어 우리가 필요한 게 무엇인지 아는 것'이 진정한 비폭력 대화에요. 내가 솔직하게 대화할 준비가 되면 비폭력 대화 4단계를 실천할 수 있답니다.

part 34

관찰, 느낌, 필요(욕구), 부탁(요청)을 연습해요

아 래의 예문을 읽고 비폭력 대화의 관찰, 느낌, 필요(욕구), 부탁(요청)을 연습해 보겠습니다.

> "중학교 3학년 생일 아침, 엄마가 정성 가득하게 차려주신 맛있는 쇠고기 미역국을 먹고 든든하게 학교를 갔어요. 생일인지라 기분도 좋아 룰루랄라 학교를 향해 신나게 걸어갔어요. 교실에 들어가니 칠판에 "생일 축하해!!"라는 큰 글씨가 적혀 있었어요. 매월 하는 우리 반친구들 생일 파티하는 날이 밀려서 공교롭게도 진짜 제생일날에 하게 된 거예요. 칠판 앞 교탁 위에는 달콤한 빵과 케이크가 나란히 교탁 위에 놓여 있었어요. 속으로 '아싸! 내 생일날 생일 파티를 하는구나'를 생각하며 미

소를 지었어요. 그런데 제 생일은 1일이고 이날 생일은 주말이 껴서 못 한 지난달 친구들 생일 파티였어요. 담임 선생님께 다가가 살짝 '저 오늘 생일이니까 그냥 같이 생일 파티에 참여하면 안 될까요?' 여쭤 보았어요. 그러자 선생님께서는 '너는 이달 말에 생일 파티할 때 참여하라.'며 안 된다고 하셨어요. 저는 너무 속상했어요. 이번 달 생일 파티를 기다리려면 30일 뒤에나 있는데…. 선물 교환을 하는 것도 아니고 가볍게 노래 같이 부르고 빵과 케이크 나눠 먹는 게 다인데… 가뜩이나 속상한데 담임 선생님이 오늘이 제 생일 당일인 걸 친구들에게 얘기도 안 해주시며 이날 생일 파티는 가볍게 끝났어요. 담임 선생님께 너무 서운해요. 오늘 생일인 친구 있다고 잠깐 축하 말이라도 해주시면 덜 속상했을 것 같아요. 반 친구들과 잘 지내고 화합하라는 의미에서 하는 우리 반만 하는 생일 파티여서 다른 반 친구들이 부러워하는 행사인데… 진짜 생일인데도 축하받지 못하는 생일 파티는 오히려 저를 너무 우울하게 했어요."

– 중3 남학생

이때 비폭력 대화를 위한 관찰, 느낌, 필요(욕구), 부탁(요청)을 정리해 보면, 다음과 같습니다.

1. **나 관찰**(겉, 속마음) : 생일 아침, 엄마가 준비해 주신 생일 미역국도 먹은 기분 좋은 아침, 룰루랄라 기분 좋게 등교를 했어요. 칠판에는 "생일 축하해!" 글씨와 교탁 위에 맛있는 빵과 케이크가 놓여 있어요. 지난달 생일 파티인 건 알지만 1일인 내 생일과 같은 날이라 은근히 설레었어요. 이번 달 생일 파티는 월말에 하니까 가능하면 오늘 생일 축하 주인공으로 축하 파티에 함께하고 싶었어요. 그런데 선생님께서 월말에 하는 생일 파티에 참석하고 오늘은 참가하지 말래요. 더더군다나 친구들에게 오늘이 내 생일이니까 축하해 주라는 말씀 한마디도 없으셨어요.

2. **느낌** : 속마음 (너무 속상해요. 진짜 생일인데… 담임 선생님과 반 친구들이 축하해 주질 않아서 울적했어요.)

3. **필요**(욕구) : 속마음 (생일 파티는 반의 화합을 위해서 하는 것이라면 저의 생일도 축하해 주셨으면 좋겠어요. 그리고 친구들에게도 오늘이 생일인 친구가 있다고 말씀해 주시고 말로라도 축하를 모두 해 주었으면 좋겠어요. 생일 파티 참여는 월말에 한다고 해도…)

4. **부탁**(요청), (표현하기) : "선생님 그리고 친구들아, 오늘이 진짜 내 생일이야. 축하 좀 해줄 수 있어?"

위 사례뿐만 아니라 기분이 좋거나 나쁜 경험이 생길 때 기억하고 관찰, 느낌, 필요(욕구), 부탁(요청)을 실행해 봅니다.

화가 나 있거나 분노에 찬 사람들의 특징은 누군가를 만나면 급하게 많은 이야기를 하려는 특징이 있습니다. 이때 내가 들어줄 상황이 되는지 자신을 먼저 관찰한 후, 가능하면 깊이 있게 공감해 주면 상대방의 마음이 누그러지는 것을 알게 됩니다.

일상에서 대화할 때 친구나 가족들과 마음속 솔직한 이야기를 비폭력 대화 4단계로 진행해 봅니다.

> **1. 나 관찰 - 상대방 관찰**
>
>
>
>
> **2. 느낌**

　집에서 혹은 학교에서 기분 좋았거나, 서운했거나, 속상했을 때를 떠올리며 대화를 시도해 봅니다.

　"엄마(아빠), 제 이야기 들어주실 수 있으세요?"로 시작합니다. 가능한 솔직하게 이야기합니다. 관찰, 느낌, 필요(욕구), 부탁(요청)을 근간으로 대화를 나눕니다.

　내 이야기를 듣고 감정이나 마음이 정리가 되면 이제 친구나 가족 대화가 필요한 사람들의 이야기를 들어줍니다.

part **35**

정중히 거절합니다

"**내** 삶의 주체는 나입니다. 내가 지쳐 있거나 화가 나 있을 때에는 정중히 거절해야 합니다. "제가 지금 너무 피곤해서 도와 드리기 어려워요. 나중에 도와 드리면 안 될까요?" "내 삶의 주인공은 나입니다. 나에게 주어진 '시간'이나 '상황'이 어렵거나 안 될 것 같으면 정중히 거절해야 합니다.""

"거절(NO)은 다른 무엇인가를 선택(Another Yes)하고 있다는 의미입니다."

"누군가가 자기만의 이익을 위해 수단(목적을 이루기 위한 꾀)과 해법(어렵거나 곤란한 것을 푸는 방법)으로 이용하거나 나를 전혀 배려하지 않고 부탁해 올 경우 정중히 거절합니다."

많은 봉사 활동으로 피곤함에 지친 어머님를 상담한 적이 있습니다. 남들이 추천해 준 봉사 단체 활동을 다섯 군데 활동하시면서 집안 살림은 제쳐놓으시고 온통 바깥 봉사 일만 해서 가족 갈등이 심한 분이셨지요. "봉사를 한 군데 할 때는 육체와 정신이 안정적이고 좋았는데…, 다른 단체에서 일 잘한다고 자꾸 봉사해 달라니까 거절을 못 해서… 지금 다섯 군데 봉사하느라 지쳐 집안일을 못 하고 있어요."라고 말씀하시는 어머님를 보면서 좋은 일도 체력과 시간이 주어지지 않을 때는 거절해야 하는 것에 대해서 진솔한 대화를 나누었고, 시간과 체력이 소진된 지금은 한 군데 봉사하고 나머진 정중히 거절하도록 도와드렸습니다.

남을 돕기 전에 나를 먼저 돌보고, 그다음 상대방의 감정을 이해하려면 표정을 잘 관찰하면 기분이 좋은지, 싫은지 알 수 있어요. 감정을 이해해 주는 대화를 나누는 가족 대화는 서로가 진정으로 원하는 것이 무엇인지 알 수 있습니다.

상대방을 어떻게 해서든 내가 원하는 대로 움직이게 하고 설득하는 것은 상대방의 마음과 육체에 상처를 줍니다. 자신의 거절로 관계가 깨질 것을 염려하지 말고 정중히 거절해야 마음의 짐을 줄일 수 있습니다.

"거절은 '나'를 거절한 것이 아니라
'시간'과 '상황'을 거절한다는 것입니다."

무엇보다 정중하게 거절해야 상대방이 공감하고 이해하게 됩니다. 거절할 때 냉정하게 '싫어요', '안 할래요'가 아니라 마음속의 욕구를 표현해야 상대방이 오해하지 않고 받아들이게 됩니다.

A 엄마	○○ 엄마, 내일 12일 반 모임을 저녁 7시에 하니까 꼭 나와야 해요.
B 엄마	내일 저녁 7시에 반 모임을 하는군요.
A 엄마	이번엔 꼭 나와야 해요. 중요한 안건이 있어서요.
B 엄마	네, 중요한 안건을 협의해야 하는군요. 저도 반 모임에 정말 가고 싶은데… 하필이면 내일 지방 출장 다녀오면 밤 9시쯤 올라올 것 같아요. 저도 모임에 가고 싶은 마음은 굴뚝같은데… 이번에도 지방 출장 가는 날과 겹쳐 안타깝네요.
A 엄마	아! 이번에도 지방 출장 가는 날이 모임 날과 겹쳤군요. 직장 다니는 엄마들은 모임 시간 맞추기가 어렵네요.
B 엄마	늦게라도 그 자리에 계속 계시면 문자 주시겠어요? 최대한 인사라도 가도록 할게요.
A 엄마	그래요. 그럼, 마치고 출발하면서 문자 주세요. 모임 일찍 끝나게 되면 저도 문자 드릴게요.

결국, 지방 출장 후 전화를 하니 곧 모임이 종결될 것 같다고 알려줘서 모임은 참석하지 않고 중요한 전달 상황을 전달받으며 종료되었지요. 가기 싫어서 거짓을 말하는 것은 곤란하고 자기가 처한 상황과 시간을 표현하면 되는 것입니다.

새 학기 학교에서 나눠 준 책을 들고 오는데 친한 친구가 가방을 들어 달라고 부탁을 했어요.

> 미안해 나도 가방이 너무 무거워ㅠ

여학생 A ○○ 야, 내 가방 좀 들고 가줄래?

여학생 B 책이 많아 가방 너무 무겁지? 나도 새 책 받아서 가방이 너무 무겁고 힘들어!

여학생 A 그래도 넌 나보다 힘이 세니까 내 작은 가방
하나는 들어줘.

여학생 B 나도 너의 가방 들어주고 싶은데, 지금 내 몸
은 책이 가득 든 가방만으로도 벅차⋯ 들어주
지 못해 미안해. 나도 누가 좀 도와줬으면 하
는 상황이야.

여학생 A 에궁, 책이 너무 무겁고 힘들다.

여학생 B 나두!

내가 너를 거절하는 것이 아니라 '시간'과 '처해 있는 상황' 때문
에 돕지 못한다는 것을 알게 해주고 상대방의 감정을 공감하면서
정중히 거절하면 상대방도 이해하게 됩니다. 거절을 못 해서 자기
일은 제쳐놓고 남의 일 하시는 분들은 관계가 어그러질까 봐 걱정
되어 거절 못 하시는데요, 정중한 거절이 통해야 진정한 관계입니
다. 정중한 거절을 했음에도 계속하여 억압하고 명령하는 것은 일
종의 폭력입니다.

일요일 아침, 아빠는 일찍 일어나서 식사를 마치고 볼일 보러 나가시고 늦잠 자는 아들과 딸을 깨워서 아침 식사를 하면서 대청소를 같이 할 것을 부탁합니다.

엄마   아침 밥 먹고 집 대청소 할 건데 도와줄 수 있나요?

아들   아! 오늘 대청소 하나요? 저, 죄송한데… 친구들과 10시 30분에 만나기로 했는데 어쩌지요? 지금 10시인데….

엄마   친구들과 선약이 있었군요, 알겠어요. 딸은 엄마 집 대청소 할 건데 도와줄 수 있나요?

딸   저는… 지금 잠이 덜 깨서 밥 먹고 조금만 더 잘 건데요. 이따가 오후에 대청소 하시면 도와드려도 될까요? 어제 너무 늦게 자서 지금은 너무 졸려요.

엄마   알겠어요. 그럼 이따 점심 먹고 3시쯤 대청소 할게요. 아들은 일찍 들어와서 대청소 도와줄 수 있나요?

아들   가급적 일찍 들어와서 청소 도울게요. 늦으면 제 방은 제가 들어와서 청소하게 남겨 두세요.

엄마   알겠어요. 가능하면 3시 전에 들어와서 같이 대청소 했으면 좋겠어요.

"상대방의 '시간'과 '상황'을 알면
거절이 나를 거절하는 것이 아니라는 것을 알게 됩니다."

거절에도 느낌과 욕구가 있습니다. 화난 어투로 거절하고 짜증
난 어투로 거절하면 상대방이 불편하게 느끼게 됩니다. 거절할 때
는 함께하지 못해 미안한 마음을 가지고 상대방을 배려하면 진정
한 거절이 됩니다.

상대방과 진실한 관계를 유지하려면 거절을 수용하며 거절 시 거
짓이 아닌 진실된 내용을 말해야 합니다. 거짓으로 지어낸 거절은
관계를 단절시키게 됩니다. 정말 함께하고 싶은데 '시간'과 '상황'
이 안 되어서 안타까운 마음이 들 때 거절하는 것입니다.

part **36**

상대방의 말과 행동을 보며
감정이나 표정을 관찰해요

학 교나 학원을 다녀온 자녀의 표정을 관찰해 보면 기분이 좋
은지, 나쁜지 알 수 있습니다. 특히 말과 행동이 크고 역동
적이면 좋은 일이고, 어깨가 축 처지고 고개를 푹 숙이고 들어오는
경우 풀이 죽어 있는 경우가 많지요.

"엄마, 나 상 탔어요."

기분 좋은 상태의 목소리는 크고 활기차고 우렁찹니다. 그와 반대로 기분이 안 좋을 때는 목소리가 기운 없고 톤도 낮습니다.

"엄마… 아파요. 감기 걸렸는지 열이 나고 머리도 아파요."

직장을 다녀온 부모님이 업무에 지쳐서 소파에 앉았는데 표정을 관찰하지 않고 대화를 시도하면 어떻게 될까요?

상대방의 표정뿐만 아니라 말과 행동을 바라봐야 진정한 대화가 시작됩니다. 비폭력 대화와 질문을 통해 감정을 느끼는 대화를 나누는 예입니다.

이 시대를 살아가는 청소년들도 힘들지만 어른들도 힘든 시기를 보내고 있다는 것을 알았으면 해요. 그나마 큰 마음의 고통을 가장 적게 받은 사람이 청소년 여러분입니다. 어른들이 힘든 삶을 표현할 수 있도록 함께 대화를 나눠 주세요. 내 이야기도 하고 들어도 주는 가족과 선생님이 계시다면 내 감정이 왜 이러는지 알게 되겠지요.

미모가 뛰어난 엄마와 중학교 2학년 아들이 진로 코칭을 받으러 온 적이 있었어요. 코칭에 앞서서 모자의 이야기를 듣다가 거친 대화에 화들짝 놀란 적이 있어요.

엄마와 아들의 화난 대화

엄마   엄마 어릴 적에는 여자라서, 그리고 무엇보다 돈이 없어서 대학교를 합격하고도 못 갔어. 너는 얼마나 좋으냐?

아들   아, 옛날 얘기 그만 좀 해! (윽박지르듯 말했어요.)

엄마   너는 하고 싶은 거, 먹고 싶은 거, 다 먹고 대학도 갈 수 있고…

아들   오늘은 제 적성에 맞는 대학교 전공 분야 알아보러 온 거 아시죠?

엄마   너는 너밖에 모르니?

엄마와 아들의 감정을 읽어 주는 대화

엄마   엄마 어릴 적에는 여자라서, 그리고 무엇보다 돈이 없어서 대학교를 합격하고도 못 갔어. 너는 얼마나 좋으냐?

아들   엄마는 예전에 대학 합격했는데 여자라서 대학에 못 가셨군요. 많이 속상하셨겠어요.

엄마   음… 엄청 속상했었지… 지금이라도 다시 대학에 가고 싶다. 너는 대학 가서 좋겠다. 하고 싶은 거, 먹고 싶은 거, 다 먹고 대학도 갈 수 있고….

아들   제가 하고 싶은 거, 먹고 싶은 거 다 하고 대학까지 갈 수 있어서 부러우시다는 말씀이시군요.

엄마의 말씀에 아들이 감정을 읽어 주는 공감 대화를 해준다면 관계가 훨씬 좋아지는 것을 알 수 있습니다. 다소 엄마의 말에 감정이 있더라도 있는 그대로 관찰하고 표현해 준다면 엄마도 진심을 알게 되실 거예요.

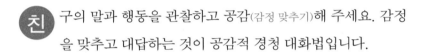

part 37

감정을 맞추어 주어요

친구의 말과 행동을 관찰하고 공감(감정 맞추기)해 주세요. 감정을 맞추고 대답하는 것이 공감적 경청 대화법입니다.

상대방의 말	위로하는 말
친구 : 중간고사 결과가 생각보다 안 나와서 힘이 쭉 빠져서.	남학생 : 중간고사 공부 열심히 했는데 결과가 좋게 안 나와서 힘이 빠진 거구나.

중간고사 결과가 나온 날, 같은 학원을 다녀서 등하교를 같이 하는 친구를 한참 기다렸어요. 그런데 친구가 고개를 푹 숙이고 어깨가 축 처져서 걸어오는 게 보였어요.

남학생	왜 고개를 푹 숙이고 어깨는 축 처져서 걸어와?
친구	중간고사 결과가 생각보다 안 나와서 힘이 쭉 빠져서….
남학생	중간고사 공부 열심히 했는데 결과가 좋게 안 나와서 힘이 빠진 거구나.
친구	이번 시험이 워낙 어려웠잖아. 그런데도 학원 가려니까 너무 답답하다. 혼날 것 같아서… 집에선 더 혼날 것 같고….
남학생	맞아! 이번 시험이 워낙 어려워서 결과가 나도 원했던 것보다 안 나왔어. 학원 샘과 부모님한테 나도 혼날까 봐 걱정된다.
친구	그렇지! 너도 이번 시험 어렵다고 느낀 거지? 다행이다. 너만 시험 잘 봤으면 더 속상했을 텐데… 다행이다. 너라도 내 맘 알아줘서… .

감정을 서로 이해해 주고 맞춰 주는 것이 '공감'이에요. 여기에다가 친구가 하는 말의 핵심을 따라서 해주면 '공감적 경청'이 되죠. '공감적 경청'은 진심을 다해 들어주는 대화에요. 진심을 다해 내 이야기를 들어주고 공감해 주는 한 사람만 있어도 이 세상 살아가는 데 필요한 힘이 생기게 됩니다.

상대방의 말	공감 하는 말
여학생 : 응. '○○소년단' 칼 군무도 멋지고 파워도 넘치고, 랩도 잘하고, 노래도 좋고 다 좋아. 멤버들 진짜 다 멋진 것 같아!	친구 : 그치! '○○소년단' 칼 군무에 랩과 노래 진짜 멋지지….

점심시간 학교 방송실에서 '○○소년단'의 노래가 나와서 노래를 따라 부르고 어깨를 으쓱으쓱 하며 신이 나는 나를 보며 친구가 물었어요.

친구　너, 이 노래 듣고 어깨를 들썩들썩 하는 게 엄청 신났구나. 이 노래, '○○소년단' 노래지?

여학생　응 맞아. '○○소년단' 노래, 방송실 엽서에 내가 노래 신청했어. 방탄소년단이 아이돌 가수 중 제일 멋지고 좋은 것 같아.

친구　너 '○○소년단' 많이 좋아하는구나!

여학생　응. '○○소년단' 칼 군무도 멋지고 파워도 넘치고, 랩도 잘하고 노래도 좋고… 다 좋아. 멤버들 진짜 다 멋진 것 같아!

친구　그치! '○○소년단' 칼 군무에 랩과 노래 진짜 멋지지….

여학생	너는 가수 누구 좋아해?
친구	나는 'ㅇ투ㅇ' 좋아해.
여학생	와! 너는 'ㅇ투ㅇ' 좋아하는구나. 비투비 노래 잘 부르고, 다들 재미있는 멤버들이라 나도 좋아해.
친구	너도 'ㅇ투ㅇ' 좋아한다니까 기분 좋다. 나도 방송실에 'ㅇ투ㅇ' 노래 틀어 달라고 엽서 써야겠다. (웃음)
여학생	그래 얼른 신청해서 'ㅇ투ㅇ' 노래 같이 들어 보자. 난 커서 가수가 되고 싶어서 음악 듣는 거다 좋아해!

　　상대방의 마음을 맞추어 주는 진심의 대화는 서로를 치유하게 하는 힘을 지니고 있습니다. 좋아하는 것이 달라도 공감해 주고 함께 해주어 내 편이라는 느낌을 주는 친구가 곁에 있다면 정말 행복하겠지요? 그렇다면 그럼 내가 먼저 '공감적 경청' 대화를 나눠 주는 좋은 사람이 되어 보는 건 어떨까요?

　　부모님 말씀에 공감해 주세요. 감정을 맞추고 대답해 주세요.

상대방의 말	공감하는 말
엄마 : 할머니 잔소리 때문에 힘들어!	딸 : 엄마, 할머니 잔소리 때문에 많이 힘드시군요.

엄마	아, 진짜 너희 할머니 너무 하신다. 우리 집에 오셔서 반찬 가짓수가 작다고 뭐라 하시더니… 열심히 반찬했더니 저녁 식사에선 오징어볶음은 싱겁다고 뭐라 하시고… 아침은 밥이 너무 되다고 하시고… 거기다가 아빠 와이셔츠 살짝 구겨졌는데 안 다려 준다고 뭐라고 하시고… 너희 할머니 잔소리 때문에 힘들어.
딸	엄마, 할머니 잔소리 때문에 많이 힘드시군요.
엄마	응… 진짜 힘들다. 예전에는 안 그러셨는데, 너희 할머니 요즘 들어 유난히 잔소리가 많아지시고 반찬, 밥에다가 옷 다리는 것까지 꼬투리 잡으시니 다 하기 싫다.
딸	엄마 많이 힘드시구나. 할머니가 밥과 반찬, 옷 다리는 것까지 뭐라고 하셔서….
엄마	엄마도 잘하고 싶은데 자꾸 꾸지람 들으니까 더 하기 싫네! 딸은 그래도 아까 만든 오징어볶음

이 세상을 살아가는 데 내 마음 알아주고 내 편이 되어 주는 한 사람만 있어도 한결 세상 살아가기 좋습니다. 대인관계나 공부(일)로 힘들어하는 엄마나 아빠, 가족 또는 친구가 있다면 기꺼이 그들의 편이 되어 주세요. 혼자서 외롭고 쓸쓸하지 않게요.

상대방의 말	공감하는 말
아빠 : 회사에서 자꾸 눈치 보인다. 위에서는 누르고 밑에서는 치고 올라오고 힘들다. 휴…	아들 : 아빠 회사에서 위, 아래에서 누르고 올라오려고 해서 많이 힘드시군요.

매일 같이 늦게 들어오시는 아빠, 주말에도 회사를 가서 함께 나들이도 어려워진 토요일 오후 아들과 아빠의 대화

아들	내일 일요일인데 가족들끼리 가까운 데 여행 가요. 바람도 쐬고 우리 가족 오랜만에 외식도 좀 했으면 좋겠어요. 아빠, 이번 주 일요일 시간 되세요?
아빠	아빠가 요즘 쉬는 날도 없이 일하러 나가서 저녁밥 같이 먹은 것도, 여행을 간 지도 한참이 되었네. 그런데 어쩌지… 요즘 회사 분위기가 좋지 않아서. 흐음, 미안하다.
아들	아빠 회사에서 무슨 일 있어요? 토요일에도 자주 안 쉬시고, 일요일에도 출근하시고….
아빠	회사에서 자꾸 눈치 보인다. 위에서는 상사가 누르고, 밑에서는 부하 직원이 승진하려고 치고 올라오고…. 경쟁에서 살아남기 위해 밀린 일 해야 해서 주말에도 휴일에도 출근해야 하니… 아빠 요즘 힘들다. 휴!
아들	아빠 회사에서 많이 힘드시군요. 그것도 몰라주고 여행 가자, 외식하자고 졸라서 죄송해요. 밀린 일 끝나고 시간 여유 되시면 말씀해 주시겠어요?
아빠	그래, 이번 주는 도저히 안 되고 다음 주 토요일 또는 일요일에 나가서 외식이라도 할 수 있게

	아빠가 애써 볼게. 다음 주 금요일쯤 확답 여부를 얘기해 줘도 될까?
아들	네, 아빠 그럴게요. 그럼 엄마와 동생에게 다음 주 토요일이나 일요일에 아빠와 외식할 것 같다고 전할게요. 힘내세요, 아빠!
아빠	외식과 여행 안 간 지 오래돼서 서운할 텐데… 이해해 줘서 고맙다 아들.

아빠도 사람입니다. 힘들어 하고 지쳐 있을 수 있는 사람입니다. 아빠의 말과 행동, 표정을 보고 대화를 나눠 보세요. 대한민국의 많은 아빠가 일하는 사람으로 치부되고, 돈을 버는 기계와 같다는 느낌에 슬픔에 잠길 때도 있습니다. 아빠도 외롭고 쓸쓸하지 않게 대화에 초대해 주세요.

상대방의 말	공감하는 말
여학생 : 선생님 집에서 2년 동안 키우던 햄스터가 나이가 많아 죽었어요. 지난번에 학교 수업 때 애완동물로 학교에 가져왔었던 햄스터가 죽어서 너무 슬퍼요. 흑흑….	담임 선생님 : 아! 전에 키우던 햄스터가 나이 들어 죽었구나. 많이 슬프겠구나. 전에 학교에 데리고 왔었던 햄스터가 죽어서….

축 처진 어깨로 등교한 여학생이 수업 중에 자꾸 눈물을 흘립니다. 쉬는 시간 담임 선생님은 ○○여학생을 교무실로 부릅니다.

담임 선생님	○○아, 무슨 일 있어요? 기운도 없어 보이고 수업 중에 자꾸 눈물 흘리던데….
여학생	선생님, 집에서 2년 동안 키우던 햄스터가 나이가 많아 죽었어요. 지난번에 학교 수업 때 애완동물로 학교에 가져 왔었던 햄스터가 죽어서 너무 슬퍼요. 흑흑….
담임 선생님	아! 전에 키우던 햄스터가 나이 들어 죽었구나. 많이 슬프겠구나. 전에 학교에 데리고 왔었던 햄스터가 죽어서….
여학생	네, 너무 슬퍼요. 며칠째 아파서 걱정했는데, 아침에 일어나 보니 죽어 있었어요. 식구들과 아침에 화단에 묻어 주었는데 너무 슬퍼요.
담임 선생님	2년 동안 키워서 정이 많이 들었을 텐데… 선생님도 지난번에 교실에서 봤던 햄스터라 마음이 아프네.
여학생	그래도 엄마가 장수한 햄스터라고 고맙대요. 저도 오랫동안 함께해 준 햄스터에게

> 고맙다고 인사하면서 보내줬어요. 이제 울지 않고 수업에 집중할게요. 이해해 주셔서 고맙습니다, 선생님.

　담임 선생님의 제자를 향한 세심한 관찰과 대화로 여학생은 깊은 애도를 함께 나누며 햄스터를 잃은 아픔을 잘 치유할 수 있었습니다.

상대방의 말	공감하는 말
담임 선생님 : ○○가 우리 반 여학생 친구들에게 못생기고 뚱뚱하다고 자꾸 놀리고 그래서 여학생 친구들이 힘들어해요.	○○ 어머니 : 죄송합니다. 우리 ○○가 여학생 친구들을 못생기고 뚱뚱하다고 놀리고 있는 줄 몰랐습니다.

담임 선생님　○○가 우리 반 주근깨가 있는 여학생에 겐 말괄량이 삐삐 못난이라고 부르고, 살이 조금 많은 여학생에겐 뚱보라고 자꾸 놀렸어요. 그래서 여학생 친구들이 힘들어해요. 그래서 어머님을 학교에 오시라고 했습니다.

○○ 어머니	죄송합니다. 우리 ○○가 여학생 친구들을 보고 못생기고 뚱뚱하다고 놀리고 있는 줄 몰랐습니다. 정말 죄송합니다.
담임 선생님	○○는 수업 태도는 좋은데 쉬는 시간만 되면 여학생 친구들에게 말장난을 많이 해서 여학생 친구들이 기피하는 남학생이에요. 학교에서는 더 이상 바라보고만 있기 어려워서요.
○○ 어머니	○○가 여학생 친구들에게만 뚱뚱하고 못생겼다는 얘길 한다는 거죠? 집에 제 막내

여동생이 같이 사는데 유독 관찰력이 좋
아 여자 연예인들이 TV에 나오면 메이크
업 상태도 체크하고 뚱뚱하고 못생겼다는
얘길 많이 하는데… 아마도 그 영향을 받
은 것 같아요.

담임 선생님 아! 집에서 뚱뚱하고 못생겼다는 말을 자
주 쓰는 막내 여동생이 계시군요. 그럼 그
분께 ○○의 상황을 말씀해 주시고 아이
들은 어른들의 행동을 보고 그대로 따라
하니 상대방에 대해서 비하하는 말씀은
줄여주면 좋겠다고 전해 주실 수 있으세
요?

○○ 어머니 네, 제 막내 동생에게도 말조심하라고 하
고 저도 앞으로 말을 조심해야겠어요. 막
내 동생이 유난히 못생긴 여자 연예인이
나오면 못생기고 뚱뚱하다고 할 때 맞장
구쳐 주었거든요. 저도 조심하고 막내 동
생에게도 말 표현 조심히 하라고 말할게
요. 주근깨 많다고 말괄량이 삐삐라고 놀
림당한 친구하고 뚱보라고 놀림당한 여학
생 친구들에게 미안하네요. 아들 시켜서

진심으로 사과하라고 하겠습니다.

담임 선생님 네, 그렇게 해 주세요. 여학생 친구들이 연예인도 아닌데 외모와 몸매 지적을 많이 받아서인지 자꾸 화장을 해서 학교에서 문제가 되고 있어서요. 사춘기 여학생 입장에서 남학생이 얼굴을 자꾸 지적하니 자존심 상해서 화장품을 가득 바르고 학교에 와서 화장 지우라고 했더니 울더군요. ○○에게 여학생 얼굴과 몸매에 대해 말하지 말아 달라고 부탁해 주시겠어요?

○○ 어머니 네, 여학생들이 상처 많이 받았군요. 집에 가서 ○○와 충분한 대화를 나누도록 하겠습니다. 그리고 내일 학교에 와서 여학생 친구들에게 진심으로 사과하라고 하겠습니다. 다시는 이런 일이 없도록 집에서 조심시키겠습니다.

담임 선생님 네, ○○ 어머님. 학교에서 ○○가 친구들과 잘 지낼 수 있도록 저도 잘 보살피겠습니다.

청소년들의 모습은 가장 가까이에 있는 부모님과 같이 사는 식구들의 영향을 가장 많이 받습니다. 가족과 친분이 많은 사람은 친구나 주변인에 의해 배우게 되지요. 습관은 자연스럽게 삶의 태도로 나타나므로 청소년들이 옳은지 그른지 모르고 하는 실수에는 어른들의 모습이 적잖게 담겨 있습니다. 청소년들을 올바른 길로 인도하기 위해서는 어른들이 먼저 모범을 보여야 합니다.

청소년들의 문제 있는 행동은 결국 어른들의 삶에서 보고 배운 것이기에 청소년들을 올바른 길로 인도하기 위해서는 선생님과 부모님, 그리고 청소년이 힘을 합해야 평화롭고 각자가 원하는 삶을 만들며 살아갈 수 있습니다.

part 38

감사하는 삶

비 폭력 대화를 실행하면 감사한 일들이 넘쳐나게 됩니다. 앞서서 밝혔듯이 저는 비폭력 대화를 배우기 전에는 분노와 화를 많이 분출하던 사람이었습니다. 비폭력 대화를 배우고 실행하면서 제가 일상에서 그동안 모르고 실수한 것이 아주 많다는 것을 알게 되었습니다.

저는 비폭력 대화를 배우고서 가장 먼저 실행한 곳이 가족입니다. 가족 모두에게 존칭어를 사용하고 있으며, 서로가 갈등이 있을 땐 그 이유가 무엇인지 깊은 대화를 통해 화해와 용서를 나누는 시간을 가지고 있습니다.

어른도 실수할 수 있기에 저도 아이들과 남편에게 말과 행동으로 실수를 했을 때에는 진심으로 용서를 구했습니다. 가족이 가장 편하고 청소년이 어찌 보면 약자여서 이유 없이 혼나는 경우가 있습니다. 직장 다니는 엄마들이 직장에서 받은 스트레스를 자녀에게 쏟아붓는다는 얘기를 간혹 하시는데 저도 예전에는 그랬습니다.

지금은 중학교 1학년인 딸아이와 중학교 3학년인 아들과 평일에는 15~30분 이상 거의 매일 대화를 나눕니다. 딸아이는 오래전부터 저의 말벗이 되어서 이제는 제 감정을 어루만져 주는 수준까지 되었고, 친구들의 이야기도 공감해 주는 청소년이 되었습니다.

아이들이 사춘기라 친구 관계로 고민이 많은 날은 식탁에 앉아 두 시간 넘게 대화를 나누기도 합니다. 주변에서 "청소년기인 자녀와 대화를 그리 길게 하는 게 신기하다."라고 하시는 분들이 많은데 비폭력 대화를 실행했더니 대화가 순조롭게 이루어지게 되었습니다.

싱그러운 초록 잎이 자리를 잡고 나면 얼마 뒤 더 싱그런 연둣빛 새순이 나와 감탄을 자아내게 하는 '해피트리'라는 나무가 있습니다. '해피트리'를 한국말로 바꾸면 '행복나무'입니다. 2년 전 행복나무를 키우려고 두 그루를 사왔는데 새순도 나오고 너무 예쁘더군요. 하지만 까다롭고 예민해서 키우기가 여간 어려운 게 아니었습니다. 힘들게 행복나무를 키우면서 느꼈습니다. '행복나무' 이름처럼 "아! 행복은 정성과 깊은 관심을 가지고 실행해야 얻을 수 있구나!"라는 말이지요.

누군가와 갈등이 있고 해결하고 싶은 마음이 있으면 비폭력 대화를 실행하면 됩니다. 비폭력 대화를 배운 후 저도 실행해서 중1 딸과 중3인 아들과 많은 대화를 나누고 있으며, 그들의 생활을 이해하고 매일매일 보듬어 안아주고 있습니다. 아이들과 다정하게 대화 나누는 모습을 남편도 자랑스러워하며 흐뭇해합니다. 비폭력 대화를 실행하면 감사한 일, 행복한 일들이 많이 생깁니다.

■ 가족 인터뷰

딸 엄마, 친구 중에 청소년기에 부모님과 일상 대화를 나누는 경우가 별로 없대요. 엄마와 일상에서 있었던 즐거웠거나 속상했던 일을 대화로 나눈다고 하면 친구들이 많이 부러워해요.

아들 제 친구들도 엄마와 대화를 많이 나눈다고 하면 신기해 해요. 집에 한 명이라도 내 이야기를 들어주는 사람이 있다는 건 참 좋은 것 같아요. 저는

> 아빠랑 얘기를 더 많이 하고 싶긴 한데…, 아빠가
> 바쁜 일이 끝나면 대화를 좀 많이 나누고 싶어요.
>
> **남편** 우리 가족이 대화를 편하게 자주 나눌 수 있어서
> 보기 참 좋아요. 가족이 웃으며 대화 나누는 모습
> 은 참으로 아름다운 광경이죠.

이제 학교와 가정에서부터 비폭력 대화를 함께 나누어 봅니다.

하다 보면 실수할 수도 있지만 그걸 통해 가정, 학교, 지역사회가 좋은 방향으로 매일 조금씩 바뀌고 있다면 해볼 필요가 있지 않을까요?

비폭력 대화를 쓰면서 그동안 저에게 성장에 도움되는 말씀을 해 주신 분들이 무수히 많았다는 것을 알게 되었어요. 어떤 분은 제가 원하지 않은 것을 해보라며 권해 주셨고, 또 어떤 분은 자기가 해보니 좋다고 저에게 권유해 주신 것도 있었지요. 다들 제가 잘되기를 바라는 마음에 해 주신 얘기였다는 것을 압니다.

"왜 나에게 필요하지 않은 것을 하라고 하고 권유해 주시는 걸까?"를 깊이 사색해 보니 훗날 다 쓰임이 있는 것들이었어요. 그때 나에게 "지금 배우고 싶거나 익히고 싶은 게 있나요?" 하고 물어봤다면 물론 더 좋았겠지요? 그럼에도 애정을 가지고 나에게 성장의

기회를 가지고 "컴퓨터 배워라, 책 많이 읽어라, 다양한 공부를 해라, 늘 노력해라." 하고 피드백해 주신 분들의 말씀을 새겨듣고 애정으로 들어서 실행할 수 있었습니다.

여기서 중요한 것은
타인을 평가하지 않는 것이네.
평가란 수직관계에서 비롯된 말일세.
만약 수평관계를 맺고 있다면
감사나 존경, 기쁨의 인사 같은 순수한 말이 나오겠지.

- 《미움받을 용기》 중에서

주변의 많은 사람이 나에게 영향을 주려고 말합니다. 중요한 것은 저의 상태(좋은지, 나쁜지, 우울한지 등)를 파악하고 의견을 줘야 진정한 소통이 이루어집니다. 나의 기분이나 감정 상태를 읽지 않았다는 것은 들을 준비가 안 되었다는 것이고, 나와 상대방이 원하는 것(욕구, 필요)이 무엇인지 묻지 않았다는 것은 가르치거나 마음대로 조정한다는 느낌을 받을 수 있습니다.

그럼에도 불구하고 누군가가 나에게 부탁(발전적 피드백)을 해 주는 경우가 있으면 저는 감사로 받습니다. 누군가가 나에게 애정이 있어서 해 주는 귀한 말씀이기 때문입니다. 삶에서 가장 중요한 것은 '감사'와 '부탁'입니다.

9

우리 함께 멋지게 성장할까요?

함께하기, 공감 대화, 토론 학습, 스스로에게 질문하기

part 39

우리 함께 할래요?

1. 하루 15~30분 대화 나누기

가정에서부터 "오늘 하루 어땠어요?" 하고 물어봐 주세요.

'비폭력 대화'는 질문을 통해 상대방을 대화에 초대합니다. 그리고 상대방이 진정으로 원하는 것이 무엇인지 함께 나누는 유익한 대화입니다.

"오늘 하루 학교나 집에서 무슨 활동을 할 때 가장 재미있었나요?"

"학교에서 가장 힘들거나 싫었던 게 있나요?" 하고 질문해 주세요. 저에게 관심을 두시고 자주 질문해 주세요. 그래야 제가 무얼 좋아하고, 싫어하고, 힘들어하는지 알 수 있어요.

긍정적인 질문은 더 좋은 인간관계를 만들어 주고 진정으로
자신이 원하는 삶이 무엇인지 말하게 해요.

기분 좋은 표정을 한 청소년에게는

"오늘 하루 가장 기분 좋았던 일 있었나요?"

슬퍼하거나 화를 내는 청소년에게는

"오늘 무슨 일 있었나요?"라고 물어봐 주세요.

2. 서로에게 명령과 반말 사용을 가급적 삼가도록 약속해 보아요

말끝에 "~요."를 넣어 가족, 친구, 선생님들과 함께 써 보아요.
　자녀, 스승, 부모님을 내 마음대로 할 수 있다고 생각하나요? 이
세상에 내 것은 없습니다. 나중에 다 두고 가야 하는 것이지 내 것
이라고 우길 수 있는 것은 없습니다. 자녀도, 스승도, 부모님도 내
것이 아닙니다. 내 맘대로 할 수 있는 존재가 아닙니다.
　사람들은 가까이 있고 친한 사람들에게 가장 많은 실수를 합니
다. 내 마음대로 할 수 있다는 착각 때문에 관계가 어긋납니다. 내
아이, 내 친구, 내 제자라는 이유로 오늘도 반말을 하는 가족들, 친

구들, 선생님들이 많습니다. 반말을 하는 순간 서열이 생기고 갈등이 생길 수 있어요.

'존재를 인정받고 싶어 하는 요즘 학생들'에게 가정과 학교에서 일상적으로 사용을 부탁드려요. 권위주의를 없애고 평등한 대화를 나누면 가정, 학교, 학원에서 일어나는 욕설과 폭력적인 대화도 서로를 존중하는 비폭력 대화를 하는 순간 현저히 줄어드는 것을 느끼게 됩니다.

서로를 존중하는 "~요."를 넣고 끝말을 최대한 부드럽게 사용해 봅니다.
(처음 대화 시 말끝에 "~요." 자를 넣어서 연습해 보세요.)

엄마   "밥 먹고 학교 빨리 가 ." 반말 사용

엄마   "밥 먹고 학교 빨리 가요." 존중어를 사용하면 한결 부드럽죠? 끝말이 강하면 명령으로 들리니까 끝말을 부드럽게 하는 "~요." 대화로 상대방을 존중하는 대화를 일상에서 쓰다 보면 서로를 존중하게 됩니다.

선생님   "줄 똑바로 바로 서!" 반말보다는

선생님   "줄 똑바로 서요."를 사용하면 한결 부드럽지요?

3. 혼란스럽거나 리더십이 필요할 땐 말끝에 "~다."를 사용해 봅니다

학교나 가정에서 내가 윗사람일 때 누군가가 부탁을 했는데도 들어주지 않을 때가 있습니다. 일종의 리더십을 발휘하고자 할 때에는 반말보다는 조금은 강한 어조인 "~다."를 사용해서 전체를 이끌어 가게 할 수도 있습니다.

끝말에 "~다."를 쓰는 예

선생님 (시험 보기 직전)　"시험 보기 전, 책상 위에 있는 문제집과 책 빨리 치워, 빨리! 집어넣어!"라는 강한 반말보다는 학생들을 존중하는 의미로 다시 말해 봅니다.

선생님 (시험 보기 직전)　"시험 보기 전, 책상 위에 있는 문제집과 책 빨리 치웁니다." 한결 부드럽죠?

일종의 강한 리더십을 발휘할 때에는 "~다."를 사용합니다. 최대한 끝말이 올라가지 않고 편안하게 내려오는 음이 상대방의 마음을 다치지 않게 합니다.

'자녀와 청소년들의 이야기에 귀 기울여 주세요.' 부모님과 선생님도 함께 청소년들 마음의 이야기에 귀 기울여 들어주신다면 힘들어하는 청소년들이 고통 속에서 생활하지 않고 평화롭게 살게 됩니다.

부모님, 선생님, 학생들 모두 속마음을 알 수 있도록 비폭력 대화를 통해 갈등을 줄이고 평화로운 생활을 나누었으면 좋겠습니다.

part 40

저와 비폭력 대화(공감 대화)를 나눠 주시겠어요?

내 면의 따스한 연민을 가지고 상대방을 대화에 초대합니다. 처음에는 갈등이 깊은 사람보다는 무난한 사람과 비폭력 대화를 연습하시는 게 좋습니다. 갈등이 깊은 분들은 감정이 격해져 다툴 수 있으니 내면이 온전히 평화로울 때 대화에 상대방을 초대합니다.

내가 평화롭고 누군가의 이야기를 들어줄 수 있다면 많은 경험과 배움을 나눌 수 있게 됩니다. 내 자신이 안정적이고 편안할 때 다른 사람의 이야기를 진심으로 들어줄 수 있어요. 2016년 여성가족부 조사에 의하면 '좋은 부모'는 '자녀 말에 귀 기울여 대화하는 부모가 좋은 부모'라는 결과가 나왔어요. 전국 5개 광역시 초등학교 4학년에서 6학년까지 부모 1,000명과 학생 635명을 대상으로 한 조사에서 부모님은 46.4%, 자녀는 23.6%가 '말을 잘 들어주고 대화를 많이 하는 소통하는 부모'가 가장 좋은 부모라고 하였습니다.

자녀와 학생들의 이야기에 귀 기울여 주세요. 부모님과 선생님도 함께 아이들에게 관심을 귀 기울여 들어준다면 힘들어하는 청소년들이 고통 속에서 살지 않고 평화롭게 살게 된답니다.

대화를 통해 상대방의 마음을 이해하게 되고 더 나아가 마음을 얻는다면 얼마나 좋을까요? 대화를 나누는 사람들은 귀 기울여 상대방이 왜 저 말을 하나 진심으로 관찰하고, 이해되지 않을 때엔 질문을 통해 진심이 통하는 대화로 풀어나가야 합니다. 대화를 통해 자녀, 학생, 부모님과 소통되고 마음을 나누면 진정으로 원하는 바를 이룰 수 있습니다. 상대방의 이야기를 중간에 자르지 않고 귀 기울여 들어준다면 반드시 마음을 얻게 됩니다.

부모님, 선생님, 학생들 모두 속마음을 알 수 있도록 솔직한 대화를 통해 갈등을 줄이고 평화로운 생활을 했으면 좋겠습니다.

1. 매일 실행 과제

하루 15~30분 자녀(제자)들과 눈을 보며 대화를 나눠요.
"오늘 하루 어떻게 보냈어요? 기쁜 일이나 힘들었던 일 있나요?"
하고 대화를 나눠 보세요. (비폭력 대화로 대화하는 거 잊지 마시고요.)
나는 대화할 준비가 되었는지 관찰한 후 타인 관찰이 시작됩니다.
관찰, 느낌, 필요(욕구), 부탁(요청) 순으로 해 주세요.

저녁 7시에 퇴근하고 돌아온 엄마는 아들, 딸과 가벼운 대화를 나누고, 저녁을 먹고 난 후 본격적인 대화를 시작했어요. 딸의 방에 가보니 싱글벙글 웃으며 책상에 앉아 있었어요.(관찰)

엄마　오늘 하루 어떻게 보냈어요? (질문)

딸　　엄마, 저 학교에서 기뻤던 일 있어요. 우리 반에서 '독도 골든벨' 예선 퀴즈를 풀었는데 많이 맞아서 본선 대회에 진출하게 되었어요. (느낌)

엄마　오, 그래요! 독도 골든벨 본선 대회에 나가다니 대단하네요. 엄마도 좋은 소식을 들으니 기쁘네요. 독도 골든벨에 대비해서 미리 공부 많이 했나 봐요?

딸　　솔직히 말씀드리면 미리 공부를 많이 하진 않았어요. 문제 좀 풀어보고 외우고 했는데… 아리송한 건 찍었는데 다 맞추었어요. 히히, 본선 대회 나가게 되었으니 이제 제대로 독도 공부를 열심히 해야겠어요. [필요(욕구)]

엄마　독도 공부 열심히 한다고 하니 본선 대회에도 좋은 성적 내겠네요. 엄마도 독도 골든벨을 준비하는데 도와줄 게 있을까요?

딸　　본선 들어가기 전날인 수요일 밤에 퀴즈 좀 제

	게 내 주시겠어요. (요청) 그럼 마무리 연습으로 좋을 것 같아요.
엄마	그래요. 수요일에 독도 골든벨 퀴즈 내 줄게요. 열심히 노력하는 모습을 보니 엄마도 자꾸 도와주고 싶네요.
딸	저도 열심히 독도 골든벨을 준비해 볼게요.
엄마	그래요, 멋지게 준비해 보아요.

진로 코칭을 3회 받던 고1 남학생이 어깨가 축 처지고 멍한 표정으로 책상에 앉았어요.

코치	○○ 학생, 무슨 일 있어요? 기운 없어 보이는데.
고1 남학생	코치님 진로 말고 제 이야기 좀 들어주실 수 있으세요? 갑자기 여자 친구가 헤어지자고 해서 황당하고 어떻게 해야 할지 모르겠어요.
코치	갑자기 여자 친구가 헤어지자고 해서 많이 놀라고 황당했겠군요?

고1 남학생	공부하는 데 시간 뺏긴다고 그만 만나고 싶
	대요. 자주 만나지도 않으면서….
코치	그랬군요. 여자 친구가 무엇 때문에 시간 뺏
	긴다고 말했는지 진실된 대화를 나눠 본 적
	있나요?
고1 남학생	아니요. 무엇 때문인지 대화를 진지하게 나
	눈 적이 없었어요.
코치	그럼 여자 친구에게 헤어지려는 이유가 무엇
	때문인지 얘기를 나눠 볼 수 있나요?
고1 남학생	오늘 집에 가서 전화나 문자로 자세하게 물
	어볼게요. 이유를 모르니 너무 마음이 힘들
	어요.

다음 날 고1 남학생은 여자 친구가 헤어지려는 이유에 대해 들려주었어요. "자꾸 네 생각이 나서 공부에 집중이 안 된다며 더 커서 대학 합격하고 다시 만나고 싶다."라는 여자 친구의 말을 들었다며 괴롭고 힘들어했습니다.

| 코치 | 여자 친구가 ○○학생을 좋아하는 마음은 여전 |
| | 히 있군요. 대학교 가서 만나자고 한 걸 보면요. |

고1 남학생 저도 그 마음이 이해가 되긴 하지만 지금 막
상 헤어지려니 마음이 너무 아파요.

코치 좋아하는데 만날 수 없다니 정말 마음이 많이
아프겠네요.

30분 가까이 공감 대화를 나누며 그 여학생과 약속한 K대학에 둘 다 합격해서 만나기 위해 고1 남학생은 공대 합격을 목표로 정합니다. 얼마 뒤 고1 남학생은 '중간고사 후 시험 성적이 올랐다며 목표를 이루기 위해 더욱더 열심히 공부하고 있다'는 문자를 주었습니다.

내가 힘들 때 누군가 진심으로 들어주고 함께 공감해 준다면 한결 수월하게 힘든 시간을 이겨낼 수 있습니다. 가족이든, 친구든, 선생님이든 누구든지 좋습니다. 혼자서 이겨내기 힘들 때 주변 사람에게 '내 얘기 좀 들어줄 수 있나요?' 하고 부탁해 보시겠어요?

part 41

진심이 통하는 비폭력 대화 후 토론을 나누어 보아요

1. 친구와의 비폭력 대화 실행용 (3명이 한 팀)

말하는 이와 듣는 이, 그리고 관찰자를 정합니다. 친구 두 명이 비폭력 대화를 나누고 관찰자는 옆에서 관찰합니다.

> 들어주는 나는 지금 친구의 이야기를 들어줄 수 있는 평안한 상태인가를 먼저 점검합니다. 마음에 불편한 일은 없는지… 친구와 대화를 시작합니다. (최근에 집에서 속상했던 일을 대화 주제로 정합니다.)
> 온전히 친구의 이야기에 귀 기울입니다.
>
> ★ 지금 친구의 모습을 있는 그대로 관찰합니다.

★ 말하는 친구의 느낌은 어떠한가요?

★ 친구가 필요로 하는 것은 무엇인가요?

★ 친구가 요청하는 것은 무엇인가요?

★ 대화 후 전체 정리 :

말하는 이와 듣는 이, 관찰자는 각자가 내용 정리 후 친구들과 함께 나눔 대화를 합니다. 관찰자가 먼저 친구들의 대화에서 좋았던 점 2가지를 찾아서 인정해 줍니다. 말하는 이와 들어준 친구들도 좋았던 점을 이야기합니다.

청소년 시기에는 비폭력 대화의 연습이 많이 필요하므로 잘못한 점보다는 좋았거나 고마웠던 점을 먼저 나눠 주세요. 친구의 멋진 성장을 위해 발전적 피드백 1가지를 해 주는 것은 좋습니다.

2. 부모님과 비폭력 대화 실행용

★ 나는 지금 부모님의 이야기를 들어줄 수 있는 평안한 상태인가요?

★ 온전히 부모님의 이야기에 귀 기울이고 있나요?

★ 지금 부모님의 모습을 있는 그대로 관찰하고 있나요?

★ 말씀하시는 부모님의 느낌은 어떠신가요?

★ 부모님께서 필요(욕구)로 하는 것은 무엇인가요?

★ 부모님께서 부탁(요청)하는 것은 무엇인가요?

★ 대화 후 전체 정리 :

3. 선생님과 비폭력 대화 실행용

★ 나는 지금 선생님의 이야기를 들어줄 수 있는 평안한 상태인가요?

★ 온전히 선생님의 이야기에 귀 기울이고 있나요?

★ 지금 선생님의 모습을 있는 그대로 관찰하고 있나요?

★ 지금 선생님의 느낌은 어떠신가요?

★ 선생님께서 필요(욕구)로 하는 것은 무엇인가요?

★ 선생님께서 부탁(요청)하는 것은 무엇인가요?

★ 대화 후 전체 정리 :

위의 것은 갈등 발생 시 상담 후 과제로 써 오도록 하면 좋습니다.

최근에 집이나 학교, 그 외 장소(학원, 친척집 등)에서 비폭력 대화를 실천해 봤더니 이런 경험을 하게 되었다거나, 각 장소에서 비폭력 대화를 나누고 난 후 좋았거나 아쉬운 점에 대해서 적고 발표 및 토론을 통해 더 나은 실천 방법을 찾아봅니다.

구분	비폭력 대화를 해서 좋았던 점	비폭력 대화를 해보고 나서 아쉬웠던 점
집에서의 비폭력 대화		
학교에서 비폭력 대화		
비폭력 대화 그 외 장소 (학원, 친척 집 등)		

토론 : 모둠별 진행자 1명을 뽑습니다.

집과 학교에서 비폭력 대화를 일상에서 실천해서 좋았던 점과 아쉬웠던 점을 나눕니다.

4명 또는 6명이 모여서 토론을 시작합니다.

토론 후 정리 (친구들 개별 발표 시 - 공감적 경청, 인정, 칭찬 필수)

모둠장은 모둠 친구들이 모두 자기의 의견을 공평하게 말할 수 있도록 기회를 줍니다.

각 모둠장들은 친구들의 이야기를 정리해서 발표합니다.

발표 후 토론 진행자를 다시 뽑습니다.

토론 진행자가 앞으로 일상에서 비폭력 대화를 실천하려면 어떻게 하면 좋을지 반 친구들의 의견을 칠판에 받아 적습니다.

1주일간 적힌 내용을 실천 후 토론 수업을 서너 차례 더 진행합니다.

부모님을 학교에 모시고 함께 참여수업으로 진행해 보면 더 좋습니다.

감사와 부탁을 실천하는 비폭력 대화를 실천하면 내면의 평화가 자리를 잡게 됩니다. 그럴 때 나와 더불어 주변에 있는 사람들이 건강하고 행복한 삶을 영위하게 됩니다. 바로 평화로운 삶을 살게 되는 것이죠. 각자가 가진 재능이 별처럼 빛날 수 있도록 따스한 연민의 마음으로 비폭력 대화를 실천하면, 서로 인정해 주고 존중해 주는 아름다운 세상이 된답니다.

이너피스(Inner peace)

출처 : 〈쿵푸 팬더 3〉 중에서

"'내면의 평화'에는
어마어마한 힘이 들어 있어요.
각자가 지닌 능력을 마음껏 펼쳐
별빛처럼 아름답게 꽃 피울 수 있도록
우리 함께
비폭력 대화 나눠요."

청소년을 위한
비폭력 대화 워크북 ★

초판 1쇄 발행   2017년   1월   10일
초판 5쇄 발행   2022년   4월   29일

저자   이주아
감수   김온양   삽화   좌유미
펴낸이   박정태
편집이사   이명수   감수교정   정하경
편집부   김동서, 위가연, 전상은
마케팅   박명준, 박두리   온라인마케팅 박용대
경영지원   최윤숙
펴낸곳   북스타
출판등록   2006.9.8 제313-2006-000198호
주소   파주시 파주출판문화도시 광인사길 161 광문각 B/D
전화   031-955-8787   팩스   031-955-3730
E-mail   kwangmk7@hanmail.net
홈페이지   www.kwangmoonkag.co.kr
ISBN   978-89-97383-93-1   43180